AF206844

Ameli Rödler

Seeleninspiration

An meine wunderbaren Töchter

Minette
Marielle
Maxime
Magdalene

Bibliografische Information der Deutschen Nationalbibliothek:
Die Deutsche Nationalbibliothek verzeichnet diese Publikation
in der Deutschen Nationalbibliografie; detaillierte bibliografische
Daten sind im Internet über dnb.dnb.de abrufbar.

© 2018 Ameli Rödler
Herstellung und Verlag: BoD – Books on Demand, Norderstedt

ISBN 978 3 7460 7889 2

Deine Seele

Wach auf, wach auf
erinnere dich.
Höre auf mit dem Suchen,
du wirst nichts finden,
denn alles was du suchst ist bereits,
du musst nur lernen zu sehen!

Deine Seele ist in dir, dort kannst du sie finden.

Es wird nicht jeder deiner Meinung sein und nicht jeder wird dich mögen. Aber es hat viel weniger mit dir zu tun, als mit ihnen selbst. Sei dir bewusst, wenn du einem Menschen begegnest, nimmst du nur einen Bruchteil von dem wahr, was er in Wahrheit ist. Du bist es nicht, der sein Wesen definiert, ebenso wenig wie er deines.

Stelle dir einen Kreis vor, mit dem Farbspektrum, nun sieh dir den Kreis genau an. In dem Moment, in dem du einem Menschen begegnest, siehst du nur eine Farbe, nur einen Aspekt, doch sei dir gewiss, da ist so viel mehr. Bei einigen Menschen kennst du mehrere Farben, denn sie stehen dir nahe und öffnen dir ihre Herzenstore, ebenso wie du deines. Es offenbaren sich die verschiedensten Charakternuancen in den variabelsten Farben. Du kannst sie bewundern und lieben oder ablehnen und verurteilen. Aber du bist nicht die- oder derjenige, der den Farben ihre Farbe oder gar ihren Namen gibt. Das ist gut so.

Lernen, zu akzeptieren was ist, wie andere sind, tolerant zu sein gegenüber ihrem Sein und sich an das ganze Farbspektrum zu erinnern, das eine Seele in sich trägt, ist ein erleuchtender und ein erleichternder Prozess. Denn es gibt dir die Gewissheit, dass du bist wer du bist, ganz egal, was andere daraus machen möchten. Die Wahrnehmung anderer über dich ist also immer nur subjektiv, ebenso wie die deine von ihnen.

Ich sehe dich,
ich spüre dich.
Ich erkenne deine Göttlichkeit
und ehre deine Seele,
ich weiß du bist mehr
als ich jemals erfassen kann.

Du bist ein unendlicher Lichtkreis,
der alle Farben in sich trägt.

Lebenskrise

Wir sind alle auf dem gleichen Weg. Der eine früher, der andere später, der eine schneller, der andere langsamer. Irgendwann kommen wir an dem Punkt an, wo wir erkennen: Alles im Leben hat seine Bedeutung. Auch wenn manche Lebenssituationen oder Begegnungen weh tun und schmerzhaft sind, so ist es doch ein Glück, sich in diesem Prozess selbst zu finden. Jede Begebenheit kann eine individuelle Seeleninspiration sein, die zu uns selbst führt. Es ist der erste und wichtigste Schritt, dich selbst in deiner Ganzheitlichkeit anzuerkennen (definiere dein Farbspektrum), denn oft sind es die tiefsten und dunkelsten Erfahrungen und Prozesse, die dein Seelenlicht zum Leuchten bringen. Es ist kein Heiligenschein, es ist eine Erleuchtung – entfacht durch einen emotionalen Fall.

Tu es, fang damit an, es ist ein Segen. Fang an, zu leben. Sammle deine Seeleninspirationen, denn du bist der Schöpfer deines Lebens.

Seeleninformationstexte

Du trägst einen Funken Gottes in dir.
Deshalb bist du ein Schöpferwesen.

Lass dich fallen,
in die Hände deines Schöpfers,
falle in dich selbst hinein –
in dein inneres Universum.
Und finde dich.

Mentale und emotionale Steinigungen – Wer wirft den ersten Stein?

Zu jener Zeit, als Maria Magdalena, als Hure verurteilt, gesteinigt werden sollte, kam Jesus und sprach: „Wer frei ist von Sünde, wer rein ist im Herzen, der werfe den ersten Stein."

Ich frage dich: „Wie oft hast du schon mit mentalen und emotionalen Steinen geworfen?"

Es ist leicht, andere Menschen mit deinem Urteil zu belasten.

Im Endeffekt ist es jedoch immer nur ein Urteil gegen dich selbst. Du nimmst deinem Seelengegenüber die Freiheit, sich so zu entfalten und zu erfahren, wie es ihr oder ihm bestimmt ist. Im menschlichen Gegenüber die Liebe zu finden und nicht mit emotionalen oder mentalen Steinen zu werfen, ist eine tiefe Erfüllung für jeden Menschen, am wahren Grund des Seins.

Handle mit Liebe und du wirst gesegnet sein. Mit liebevoller Kritik, reflektierenden Gesprächen und Begegnung auf Augenhöhe, können sich die Menschen ins Unermessliche entwickeln. Es ist Seelenreife, die Reife zur emotionalen Intelligenz.

Du wirst gesteinigt?

Immer und immer wieder steinigen sich die Menschen gegenseitig, seit Anbeginn der Zeit. Durchbreche den Kreislauf. Gehe in dich, sammle gedanklich alle emotionalen und mentalen Steine, die auf dich geworfen wurden, ein. Nehme sie und gehe geistig zu den Menschen, die dich gesteinigt haben. Gebe ihnen die Steine zurück, wirf sie nicht, leg sie einfach vor die Füße deiner Steiniger. Es sind nicht deine Lasten, die du zu tragen brauchst. Gebe zurück, werde los, was nicht dir gehört. Diese Haltung kann wahre Wunder bewirken und hat schon so manche Geschichte ins Gegenteil verkehrt. Es handelt sich hier um eine rein geistige Abhandlung und dennoch werden sich im Außen Situationen und Geschehnisse ereignen, die die

Menschen zu ihrer Seele führen werden. Das ist mentale Selbstreflexion.

Wir alle werfen Steine

Lass deine Steine klein und weich und sanft werden, bis sie sich letztendlich ganz auflösen. Alle Seelen bekommen diese Übung auferlegt. Es ist eine der edelsten menschlichen Tugenden, keine emotionalen und mentalen Steine zu werfen und somit urteilsfrei zu sein. Dies bedeutet jedoch nicht, dass du nicht deine eigene Meinung vertreten sollst. Im Gegenteil, siehe, dass jeder Mensch in seiner Meinung und in seinen Gefühlen frei ist. Je weniger Steine du wirfst, desto weniger Steine werden auf dich geworfen. Es wird dich in deinen Seelenhandlungen befreien, denn diese Einstellung führt in deinem Herzen zum inneren Frieden. Jeder zwischenmenschliche Konflikt führt zur eigenen Herzenskammer. Du selbst bist es, der an dein Herz anklopft. Mach dich frei von emotionalen und mentalen Steinen.

Seelenerwachen

Es ist traurig zu sehen, wie ein anderer Mensch sich und sein Seelenwesen quält. Denn es ist so wichtig, sich selbst zu spüren. Nur dann ist es möglich, an die inneren Abgründe zu kommen und diese zu überwinden. Nicht zu verbittern, den Schmerz nicht zu umgehen, führt zu wahrer Selbsterkenntnis im Seelenprozess.

Und dennoch: Sei dir gewiss, es ist für jede Seele jederzeit möglich zu erwachen, einfach so!

Jedes Seelenwesen ist Schöpfer seiner eigenen Welt

Jeder von uns lebt in verschiedenen Welten, sie können unterschiedlich groß und unterschiedlich real sein. In jeder Welt füllst und führst du andere Aspekte deiner Selbst aus, um dich zu erfahren. So bist du als allererstes nur DU, mit dir alleine, es ist die erste und wichtigste Welt. Dann gibt es die Beziehungswelt, die Arbeitswelt, die Sehnsuchtswelt, die Welt der vergangenen Geschichten, und der zukünftigen, Welten mit Trauer, mit Freude und Glück. Die Welt deiner Familie, in der du aufgewachsen bist und die Welt deiner Familie, die du dir bis ins Jetzt gebildet hast oder auch nicht. In jeder erfährst du dich auf eine andere Art und Weise, erfüllst andere Aufträge, durchlebst andere Prüfungen. Und so leben in einem jeden von uns die unterschiedlichsten Welten mit ihren Wesenheiten, sie bilden das individuelle innere Universum. Deshalb ist es so wunderbar zu erkennen, und ich schreie es voller Freude an alle Menschen heraus:

Du bist ein Universum

Verbindung

Und während ich vor meinem geistigen Auge uraltes Wissen und neue Erkenntnisse miteinander
verbinde, weiß ich, dass ich in all meinen Inkarna-
tionen viele Geschichten erlebt habe, sie alle sind
durch einen energetischen Faden mit mir verbunden. So ist es bei jedem von uns. Wir alle haben
Zugriff zu diesen Geschichten. Durch Visionen,
innere Bilder, Déja vu oder Träume. Man kann es
nicht immer steuern, jeder hat seine eigenen Seelenschlüssel, die diese Fähigkeiten aktivieren. Es
kann die Begegnung mit einem Menschen sein, es
kann ein Gedicht sein, ein Buch, eine Selbsterkenntnis oder eine Erinnerung, ja du weißt es, erinnere
dich. Es liegt in deinem Zellbewusstsein, tief im
genetischen Code verborgen. Und du kannst Zugriff darauf bekommen. Du selbst, dein dir inne-
wohnendes Seelenwesen ist der Schöpfer deiner
Welt. Alles ist in dir.

Werde zum Stauner des Lebens

Wenn genügend Menschen wieder ihre wahre Natur erkennen, ihre Ganzheitlichkeit als Inkarnation mit physischem Leib und Seelenwesen, dann können wir das große Vergessen von „UNS SELBST" besiegen.

Jeder Mensch wird mit einer Seele geboren und die Anerkennung dieser Tatsache ist der erste Schritt auf deinem Weg zu dir selbst. Die dir innewohnende Seele ist dazu bereit, ihr ganzes Potential zu leben, denn jeder von uns hat seine eigenen besonderen Fähigkeiten und Talente. Jeder von uns kann sein Seelenfeuer entfachen und mit seiner eigenen Schöpferkraft sein Leben und seine Bestimmung kreieren. Uns stehen alle Türen offen, es sind die äußeren Lebensumstände und Schicksalsschläge, die diese Fähigkeiten überlagern, unterdrücken, ersticken und zum Sterben bringen. Die Kunst ist es, sich trotzdem zu entfalten.

Burn-out –
das Erwachen unserer Zeit

Wisse, ein Burn-out ist ein Erwachungszustand – ein Weckruf deiner Seele.

Es ist unglaublich, wie viele Menschen an ihre Grenzen und darüber hinaus kommen. Der gesellschaftliche und systemische Vampirismus saugt uns aus.

Der Zusammenbruch eines inneren Universums hat viel mit Sinnfragen, innerem Suchen und Selbsterfahrung durch extreme Situationen auf unterschiedlichste Art und Weise und der daraus entstehenden Seelenerkenntnis zu tun. Emotionale und körperliche Grenzsituationen oder Schicksalsschläge, also belastende Lebenssituationen in jeglicher Hinsicht, führen unter Umständen dazu, dass sich deine Seele sehr weit von dir selbst entfernt. Dieser Zustand kann ein Segen sein, wenn du ihn überwindest. Du wirst ihn nicht ohne emotionale und mentale Narben überstehen und das ist gut so. Das ist das Leben. Wichtig ist, dass du in diesem

Prozess zu dir selbst findest und erkennst, dass es als allererstes nur um dich und den Erhalt deines eigenen Systems in bestmöglicher Ausrichtung geht und dies bezieht sich auf alle Ebenen: Die körperliche, die seelische und die geistige. Wenn du in deinem Leben an einem Punkt bist, an dem du nicht mehr weiter kommst und das Gefühl hast, keinen Sinn zu finden in dem was du tust oder wer du bist, dann sage deiner Seele folgendes:

„Wo nichts mehr geht ist alles drin
und wenn du nicht mehr weiter kommst,
wird plötzlich alles möglich."

Flüstere es deiner Seele
immer und immer wieder zu,
werde zu deinem eigenen Retter.

Psychosen

Psychosen entstehen durch heftige emotionale Erlebnisse oder durch körperlich traumatische Ereignisse, die im inneren Kosmos nicht verarbeitet werden können. Die Wahrnehmung ist dann verändert, sie kann sensibilisiert oder abgestumpft sein.

Manchmal kommt es zu einer Verzögerungsreaktion und die Symptome machen sich erst Wochen, Monate, Jahre oder Jahrzehnte später bemerkbar. Dann ist es schwierig, die Ursache zu entlarven. Aber das kosmische Gesetz: „Auf jede Aktion folgt eine Reaktion bzw. Aktion und Reaktion gehen Hand in Hand" gilt in jedem Falle.

Depression

Die Seele spürt,wenn man den falschen Weg geht. Bei einer Depression haben gewisse Umstände dazu geführt, dass man seinen Weg nicht mehr findet und alle Lebensfreude ist gegangen. Statt dessen hat tiefe Trauer Einzug in das Gewebe erhalten und lähmt die Handlungsfähigkeit des betroffenen Menschen.

Medikamente

Ein Medikament kann ein Molekül im stofflichen oder feinstofflichen Bereich in seine Umlaufbahn zurückkatapultieren. Es entsteht eine künstliche Umlaufbahn.

Manchmal ist dies sinnvoll, um dem Körper einen Weg zurück zu zeigen, damit er wieder in ein akzeptables Gleichgewicht kommt. In vielen Fällen jedoch ist es unnötig oder kontraproduktiv. Der Körper wird mehr AUS als IN sein Gleichgewicht gebracht. Es entsteht eine externe Störung der inneren Homöostase.

Bei einem naturheilkundlichen Medikament kannst du jedoch bei Befolgung der Indikation und

Dosierung fast nichts falsch machen. Denn diese Medizin arbeitet immer nach dem kosmischen Gesetz der Resonanz.

Auf dem Weg zu deiner Seele, zu dir selbst

Du bist es, der dein Leben mit Sinn erfüllt. Hör nicht auf, nach dem zu suchen, was deine Seele jubeln lässt, denn wenn du dich selbst findest, dann wirst du glücklich sein. Nicht jeden Tag und nicht zu jeder Sekunde und dennoch bist du erfüllt mit dem größten Geschenk, dass das Schöpferdasein dir bieten kann: Die Fähigkeit Liebe zu spüren, erfahren, fühlen, leben, empfangen und geben zu können, denn das ist der wahre Sinn des Lebens.

Erwecke deine Sinne und es wird zu einem Rendezvous der Genüsse kommen

Du kannst mit deinen Augen Liebe sehen.
Du kannst mit deinen Ohren Liebe hören.
Du kannst mit deiner Nase Liebe riechen
und mit deiner Zunge Liebe schmecken.
Du kannst mit deinen Händen Liebe spüren
und mit deinem Herzen Liebe fühlen.

Das Leben ist so wundervoll, in vielerlei Hinsicht. Erwecke deine Sinne und genieße, wie viel du sehen, hören, riechen, schmecken, spüren und fühlen kannst. Die gesamte äußere Welt bietet dir die schönsten Sinnesaspekte der Schöpfungsgeschichte.

Du siehst es in den Farben der Welt, die dir jede erdenkliche Nuance des Farbspektrums und somit auch jede erdenkliche Nuance deines Seelenwesens widerspiegeln.

Du hörst es an jedem Ort, an dem du bist: Da ist Leben. Es ist das Meer selbst, das mit seinem Rauschen eine Botschaft verkündet, du musst nur hinhören.

Du riechst es in der Natur, die mit ihren verlockenden Düften von Blumen und Pflanzen und Blüten und der frischen Luft selbst, jeden Geruch darbieten kann.

Hast du schon mal einen Baum umarmt oder sanft ein Blatt gestreichelt, bis du die Oberflächenstruktur gefühlt hast ?

Erkenne das Wunder

Du kannst mit deinem Herzen die komplette Welt erfassen wenn du das Wunderwerk der äußeren Schöpfung in deine innere Welt integrierst – und dann, glaube mir, wirst du es fühlen.

Unser Körper hat ein komplex arbeitendes Nerven- und Sinnessystem.

Weißt du, was für geniale biochemische Vorgänge in deinem Körper ablaufen, damit du all diese Sinneseindrücke erleben, verarbeiten und integrieren kannst?

Herzschlag, Atmung, Verdauung, Blutbildung, der Rhodopsinzyklus im Photorezeptor deines Auges und und und. Der ganze Lebenszyklus Natur ist darauf ausgelegt, dass unsere Seele ein zu Hause hat und sich selbst erfahren kann. Immer wieder vom großen in ein kleineres und noch kleineres Detail: Es ist ein ewiges Wechselspiel zwischen Mikrokosmos und Makrokosmos, ein kosmischer Tanz.

Staunend anerkenne ich, in welch wunderbarem Tempel meine und deine Seele wohnen dürfen.

„Dein Körper ist ein Tempel"

Die menschlichen Tugenden

Die menschlichen Tugenden sind ein weibliches Schöpferelement und man kann ihre Entwicklung einem Geburtsprozess gleichsetzen.

Deine inneren Einstellungen sind wandelbar. Eine Tugend ist kein Fixum, sondern eine Variable, die sich je nach Bedingung in die eine oder andere Richtung verändern lässt.

Liebe

Liebe ist die wichtigste und die stärkste menschliche Tugend. Trägst du Liebe in deinem Herzen, so hat sich dein Seelenfeuer bereits entfacht. Dann kannst du die Welt nicht nur begreifen, sondern auch erfühlen. Weißt du, wie sich das anfühlt? Es kribbelt!

Wenn du die Liebe als Liebe erkannt hast und verstehst, dass es viele verschiedene Arten, Auffassungen und Empfindungen von Liebe gibt, dann bist du bereit, dich den anderen Prüfungen zum Erlangen der menschlichen Tugenden zu stellen. Selbstfindung ist ein Entwicklungsprozess, der dich zu deiner Seele führt.

Die Tugenden im Herzen zu tragen ist das höchste menschliche Gut, das eine Seele erlangen kann, es sind die wertvollsten Eigenschaften eines Menschen.

Das Erlangen von Tugenden führt zur Jungfräulichkeit im Empfinden, denn es bedeutet trotz aller Widrigkeiten offen zu bleiben im Herzen und sich nicht zu verschließen vor dem Wunder, genannt „Leben". Es ist die Sprache des Herzens selbst. Jungfräulichkeit im Empfinden entsteht nicht, weil du noch nichts erlebt und erfahren hast, was deine Seele füllt, sondern weil der Schmerz von Erfahrungen dich rein gewaschen hat in deiner Wahrnehmung. Keine Geschichte in deinem Leben, auch wenn sie eine Wiederholung der vorangegangenen zu sein scheint, vermag genau dieselbe zu sein. Schöpfe aus jeder Erfahrung eine individuelle Erkenntnis. Dies führt dich zu deinem Seelenglanz und erweckt die Tugenden. Sind die Tugenden in deinem Herzen erwacht, werden sie zu strebenden Entitäten, die sich durch Selbsterfahrungen entwickeln.

Es ist die Natur des Menschen, sich selbst erfahren zu wollen. Die erlangten Tugenden wiederum sind es, die dein Seelenwesen prägen. Hast du dies erkannt, so kannst du in einer jeden deiner Welten und Rollen die Sprache deines Herzens einsetzen, um der wahren Natur deines Schöpferwesens Entfaltung zu gebieten. Dies führt zum Seelenfrieden, zu deiner inneren Mitte und somit zur Glückseligkeit deines inneren Universums.

Ethik

Die Ethik ist jener Teilbereich der Philosophie, der sich mit den Voraussetzungen des menschlichen Handelns befasst. Deshalb stellen die Tugenden innerhalb der Ethik erstrebenswerte Charaktereigenschaften dar, um das Göttliche zu verwirklichen, möge die äußere Situation auch noch so dunkel sein. Die Schulung deiner Herzensqualitäten führt zu einem erweiterten Bewusstsein.

Ich frage dich, wie ist deine Einstellung und dein Empfinden zu „Liebe"? Ich habe Fragen an deine Ethik! Reflektiere dich selbst! Es ist ein wichtiger Prozess auf dem Weg zu deiner Seele.
Bist du ein guter Mann oder eine gute Frau?
Bist du ein guter Freund oder eine gute Freundin?
Bist du eine gute Mutter oder ein guter Vater?
Bist du eine gute Tochter oder ein guter Sohn?
Bist du ein guter Kollege oder eine gute Kollegin?
Die Antwort lautet immer ja, denn wir alle vermögen immer das zu sein, was uns in diesem Moment möglich ist.

Durch Selbstreflektion jedoch ist in jedem von uns die wandelbare Fähigkeit, seine Lebensrollen mit der Stärke des Herzens zu erfüllen. In jedem Moment hast du aufs Neue die Möglichkeit dies zu tun. Verträdel nicht deine Zeit, verschwende nicht dein Leben – mach dich auf deinen Weg.

Tu es JETZT und nicht irgendwann. Du kannst dein Leben lebenswert machen. Verliebe dich in dein Leben. Und wenn du heimkehrst zu dir selbst, wird dich das Wunderbarste erwarten.

Weitere Tugenden

Demut

Demut zu haben vor der Schöpfung
und einem jedem Seelenwesen,
das dir begegnet,
ist eine edle Tugend
und eine magische Charakternuance.

Wer Demut sät,
wird Wertschätzung ernten.

Die verlorene Demut kehrt zurück.

Ehrlichkeit und Wahrheit

Ehrlichkeit ist eine der Tugenden,
die am schwierigsten zu lernen sind.

Wer im Leben mit der bitteren Wahrheit
konfrontiert wird
und sich vom Leben betrogen fühlt,
erlangt durch diese Erfahrung
Ehrlichkeit im Herzen.
Denn Konfrontation mit der bitteren Wahrheit
bedeutet „ja" zu sagen,
wenn der Fluss des Lebens dich in eine andere
Richtung zieht als dein Herz es will.

Die Wahrheit kennt keine Gerechtigkeit,
denn diese schwingt auf einer anderen Ebene und
dennoch ist es die erkannte Wahrheit, die eine der
größten Heilerinnen unter den Tugenden darstellt.

Sie entlarvt die Illusionen des Lebens.
Freue dich wenn dir Menschen begegnen, die es
ehrlich mit dir meinen. Sie kennen die Wahrheit.

Stolz

Falscher Stolz ist ein heimtückischer Gefährte
und Hochmut kommt bekanntlich vor dem Fall.

Wisse, wer du bist – ohne Hochmut.
Wisse, wer du bist – ohne großes Gerede.

Schweige und wisse.
Sprich nur dann von dir,
wenn du frei bist im Herzen.
Sprich nur dann von dir,
wenn du sicher bist,
dass du es ohne Hochmut tust.

Den eigenen Stolz in ein gesundes Gleichgewicht
zu bringen, ist keine leichte Aufgabe.
Es ist sehr wichtig, den Stolz darüber,
wer du bist, niemals zu verlieren
und Stolz dennoch nicht mit Erhabenheit
zu vertauschen.
Sei stolz, eine Frau/ ein Mann zu sein,

sei stolz darauf, wer du bist,
sei stolz, auf alles was du erreicht hast.
Auch kleine Erfolge können eine große Bedeutung
für deinen Weg haben.

Ruhe

Aus der Ruhe kommt die Kraft.
Die Kraft, die du benötigen wirst
für deinen Weg.
Deshalb gönne dir Ruhe, wenn du sie brauchst.

Stärke und Hoffnung

Wenn du stark bist, wirst du deine Ziele im Leben
erreichen und dies erweckt die Hoffnung.
Manche Zustände und Situationen sind nur eine
Frage des Aushaltens, es wird vorbeigehen,
auch wenn du es in dem Moment
nicht glauben kannst.

Geduld und Gelassenheit

Sie rufen dich ins Hier und Jetzt und fordern dich
auf, keinen Moment zu verlieren,
in dem du das Leben genießen kannst.

Geduld bedeutet, es ertragen zu können,
dass alles seine Zeit braucht,
sie macht dich gelassen im JETZT.

Großzügigkeit

Die Dimension deiner Großzügigkeit ist stark
davon abhängig, wie gut deine eigenen Bedürfnisse
gestillt sind. Wer viel hat und mit reinem Herzen
gibt, ist gesegnet und wer sein Weniges in Liebe
teilt, ist grenzenlos gesegnet.

Treue

Herzens-Treue kennt keinen Verrat
Herzens-Treue kennt keinen Zweifel
Herzens-Treue kennt keine Angst.

Sei dir selbst treu,
dann bist du frei von Zweifel und Angst.
Verleihe deiner eigenen Herzens-Treue
einen tiefen Eid.

Denn wer Treue im Herzen trägt, zieht Gutes an.
Treue ist ein starkes energetisches Band,
wenn sie von Herzen kommt
und doch bindet sie nicht,
sondern ist im freien Fluss.

Ein energetisches Band zwischen dir
und allem was ist.

Klarheit

Wenn du in deinen inneren Welten
angekommen bist
und deine eigene Lebensgeschichte
reflektiert hast,
dann schaffe Klarheit.

Wisse, was du willst und probiere es aus. Wenn
es schief geht oder nicht gut läuft, kannst du aus
diesen Erkenntnissen neue Möglichkeiten schöpfen und oft offenbart sich der wahre Lebensweg
nach Bestehen von Lebenshürden, denn durch sie
sammelst du die Kräfte und baust das Fundament
für deine wahre Bestimmung.

Vergebung

Fehler sind menschlich.
Wir alle machen Fehler.

Diese Erkenntnis hilft dir,
in deine Vergebungskraft zu kommen.

Von Herzen vergeben zu können,
ist eine der kraftvollsten Tugenden.

Du kannst zum Heiler werden.
Du kannst zum Menschenengel werden.
Du kannst zum Erlöser werden.
Du kannst zum Retter werden.

Mit der Macht der wahrhaften Vergebung.

Gefühle und Gedanken

Deine Gefühle entspringen direkt aus deinem Herzen, sie spiegeln sich in deinen Augen. Deine Gedanken entspringen in deinem Kopf und flechten dein Resonanzfeld. Das, was du denkst, wird dir daher begegnen, deshalb ist es so wichtig auf deine Gedanken zu achten. Deine Gedanken sind nicht deine Gefühle, du darfst das nicht verwechseln!

Tiefe Manipulationen haben unsere Gedanken beeinflusst und unser Handeln geprägt. Doch die Seele weiß, was richtig ist, denn sie nährt sich vom innersten Rhythmus und nährt sich durch das Gefühl des Herzens, das seine Lebensenergie direkt aus dem Universum erhält. Im Laufe des Lebens entstehen immer wieder neue Gefühle.

Die Seele dehnt sich durch ihre Prozesse aus.
Größer und größer wird sie,
bis sie allumfassend sich selbst erkennt.

Seelenhygiene

Seelenhygiene ist Psychohygiene
und deshalb eine gute Methode,
im Schlamassel des Alltags
nicht durchzudrehen.
Kümmere dich um deine Seele!

Pranarhoe

Es gibt Diarrhoe
Es gibt Leukorhoe
Es gibt Logorhoe
Und es gibt Pranarhoe

Pranarhoe bedeutet, dass die kosmische Energie
einfach durch einen Menschen hindurchfließt und
nicht im Körper bleibt. Es kann keine spirituelle
Dynamis im Geiste entstehen.

Fernseher frisst Seelen

Sei kein Mainstream Produkt,
erhöhe die Dosis an Wissen,
darüber was wirklich läuft.

Fernsehen ist Seelengift

Bis ans Lebensende gespeichert über die
Spiegelneuronen.

Alles, was du in deinem Leben jemals siehst, wird
gespeichert. Jedes einzelne Bild ist verknüpft
mit den Emotionen deiner inneren Sicht, umso
ausgeprägter, je wacher deine Sinne sind.

In unserem inneren anatomischen Universum, dem
Gehirn, gibt es hochspezialisierte Nervenzellen, die
gesehene Bilder, blitzschnell aufnehmen. Dabei
entsteht eine Emotion, die auch als biochemische
Information abgespeichert wird. Beim Fernsehen
werden also zunächst alle Bilder aufgenommen,

gespeichert und dann mit bleibenden Emotionen verbunden. Auch wenn du die Situation nur im Film gesehen und nicht selbst erlebt hast, so ist es doch dein echter und wahrhaftiger und lebendiger Körper, der mit biochemischen Prozessen reagiert. Durch dich erhalten die im Fernsehen gezeigten Persönlichkeiten und Wesen energetische Nahrung und materielle Entlohnung durch die massenhafte Benutzung von Mainstream-Ware. Durch dich erhalten sie Lebenszeit. Fernsehen entzieht dir deine Persönlichkeit und deine Lebenskraft, wenn du dich nicht schützt. Es manipuliert deine Träume, deine Handlungen, implantiert Wünsche und Sehnsüchte, und lässt dich vergessen, wer du bist.

Die Wellenlänge des Fernsehers wird in Hz gemessen und beeinflusst nachweislich die Herzfrequenz. Es ist **geistig** erwiesen, dass das Magnetfeld des Herzens, das einen Radius von ca. 1 m hat, durch einen Fernsehapparat im Raum gestört wird.
Ich hab's gesehen!
Niedrige Energien können sich durch gezielt manipulierte Psychofilme in Häusern und Wohnungen und Gegenständen manifestieren, aber am liebsten nisten sie sich in der Psyche des Menschen ein. Sie

leben sich durch unschöne Charaktereigenschaften aus und versauern einem Menschen sein SEIN.

Wer es gewohnt ist, über Jahre hinweg täglich mehrere Stunden Fern zu sehen, wird nach einer dreiwöchigen Fernseh-Abstinenz Flashbacks bekommen und teilweise die „nur gesehenen Bilder" als echte interpretieren, denn die verlorene Zeit stopft das Bewusstsein mit einer gezielten Illusion, der Massenmanipulation durch die Medien.

Im Sterbeprozess kommen alle gesehenen Bilder noch einmal vor das geistige Auge, so viel verlorene Lebenszeit in gemachten Bildern und Emotionen.

Ich wünsche dir von ganzem Herzen, dass du erkennst, dass Fernsehen nicht zu einem Hobby oder einer Alltagshandlung werden sollte, denn Fernsehen frisst Seelen.

Dass das Internet mittlerweile zu einer Wesenheit geworden ist, ist längst keine Utopie mehr. Und diese nährt sich ebenfalls von der Zeit der Menschen und füllt sich mit ihren Emotionen.

Reset

Bilde dich,
äußerlich und innerlich,
werde zum
„SINN-BILD"
zum Bild der Sinnlichkeit deiner Seele.

Du kannst dein Leben jederzeit neu beginnen –
man nennt es

Reset
Neustart

Deine Nähe ist wärmer als der Sonnenschein

Du kannst deine Nähe zum Sonnenschein werden
lassen und die Herzen erwärmen,
du kannst deine Nähe zur Wurzel
werden lassen und Halt geben,
du kannst eine Welle sein, die trägt
und du kannst die Leichtigkeit sein.

All dies kannst du, wenn du willst.

Entfalte deine Flügel und breite sie aus!
Fliege über den Ozean deines Herzens.

Lebenslicht

Die Matrix deiner DNA ist einmalig und trägt alle
Informationen über deine irdische Ahnenlinie, aber
auch all deiner Seeleninkarnationen. Sie fließen
als energetische Information, die sich bündeln aus
dem freien Kosmos, um sich dann als Atome und

Moleküle bis hin zur Aminosäure in unserem Körper zu manifestieren. Am Anfang war die Energie. Vor der Materie steht also der Geist, deshalb kann eine Krankheit, egal welche, niemals rein körperlichen Ursprungs sein.

Du selbst bist das Licht in deiner Welt, die Sonne in deinem Universum, die alles wachsen und gedeihen lässt. Und als Schöpferwesen bist du auch selbst dafür verantwortlich, dass es dir gut geht. Fülle deine Seele mit positiven Aspekten, lebe deine Fähigkeiten und Leidenschaften. Tu, was immer dein Herz erfreut.

Psychoemotionale Erkenntnisprozesse prägen unser menschliches Dasein und führen zur Bewusstseinserweiterung und somit zur inneren Erleuchtung.

Und am Ende unseres Daseins, an der Schwelle zwischen Leben und Tod, da sind wir das pure Licht.

Bedürfnisbefriedigung

Jeder Mensch hat äußere und innere Bedürfnisse, die gestillt werden wollen, deshalb ist es wichtig, auf sich selbst zu achten. Bedürfnisbefriedigung ist das Streben nach Selbsterfüllung und somit der Weg zur inneren Balance. Es soll dir gut gehen, damit du dich erholen kannst von den Strapazen des Lebens.

Da die individuellen Bedürfnisse jedoch bekanntlich verschieden sind, kann es sein, dass ein anderer Mensch deine Bedürfnisse als unangenehm oder störend empfindet, weil wir nun mal alle anders sind. Deshalb pass auf, dass dein Verhalten nicht in Egoismus umschlägt, denn das ist die Gegenseite der Bedürfnisbefriedigung. Bleibe in einem guten Gleichgewicht, damit du die Bedürfnisse anderer nicht verletzt. Respektiere jeden in den seinen und grenze dich ab, wo die deinen gestört werden. Das Beste ist, wenn du einen Menschen triffst, der die gleichen Bedürfnisse hat wie du selbst, denn dann ergänzt ihr euch und werdet zu einer Einheit.

Beratungsstelle

Werde du selbst zu deiner Beratungsstelle. Wenn du deinen Verstand durch deine Herzenserfahrungen schulst, entsteht emotionale Intelligenz und deine dir inne wohnende Intuition wird zu deiner wichtigsten Beratungsstelle. Niemand kann dir deine Entscheidungen abnehmen, du selbst darfst fühlen, in welche Richtung dein Weg geht, ganz unabhängig davon, was andere Menschen für dich als richtig empfinden. Das Leben ist voller Dramen, das Wichtigste ist, dass du dir selbst vertraust.

Blickwinkel

Manchmal ist es unabdingbar, aus der Froschperspektive in die Vogelperspektive zu wechseln. Verändere deinen Blickwinkel und erkenne, dass eine Geschichte nie nur eine Wahrheit hat. Und nach einem zu hohen Flug tut es gut, von der Vogelperspektive wieder in der Froschperspektive zu landen. Denn das ist Erdung!

Bewusstsein

"Und so ist es nicht nur das Meerschweinchen[1],
das hellsichtig ist,
sondern auch der Baum
und die Blüte und jede lebende Zelle.
Gewiss, auch der Stein hat ein Bewusstsein."

[1] Herbert Hoffmann, "Esoterische Osteopathie (1908)"

Seelenerwachen

Wenn deine Seele dich ruft, gibt es kein Zurück mehr. Du wirst deinen Weg gehen – nur für dich selbst. Manchmal gehört es dazu, dass du dabei Menschen zurücklässt. Du kannst von niemandem erwarten, dass er deinen Weg mit dir geht. Und es ist nicht deine Aufgabe, den Weg eines anderen zu gehen. Denn der Fluss des Lebens wird sonst zäh und du bleibst unerfüllt.

Die Kraft des Herzens kehrt zurück,
erwecke deine innere Sanftmütigkeit.

Erkenne,
wie schön ein jedes Schöpferwesen sein kann,
wenn sein Herz geöffnet ist.
Strahlend hell und weiß ist
das innere Seelenlicht.

Nur du bist es,
der den Schatten auf
das Seelenlicht eines anderen wirft.
Dabei wirfst du ihn auf dich selbst.

Seelengenetik

Es gibt Seelen, die sind aus diesem Stoff und
es gibt Seelen, die sind aus jenem Stoff.

Sind sie aus dem gleichen Stoff gewebt,
so sind sie seelenverwandt.

Sie erkennen es, wenn sie sich sehen.
Seelenverwandtschaft bedeutet,
sich selbst zu erkennen – in einem anderen.

Es bringt Freude, Seelenverwandte zu treffen –
und es bringt Leid, je nachdem
ob sie dir deine helle
oder dunkle Seite spiegeln.

Seelenliebe

Seelenliebe ist magisch.
Seelenliebe ist magnetisch.
Seelenliebe ist unübertrefflich.
Seelenliebe bedarf keiner Rechtfertigung.
Seelenliebe IST.

Liebe kann so groß sein,
dass man sie nicht in menschliche Worte
fassen kann.

Unsere Begegnungen machen uns reich.
Wenn du auf ein anderes Universum triffst,
entstehen neue Galaxien.

Liebe
wahre Liebe
kosmische Liebe
lässt ihre Gesetze zur Intuition werden.

Respektvolle Achtsamkeit
Aufmerksames Zuhören
Aufmerksames Sprechen

... fließen frei ...
Ohne Zwang
Ohne Erwartung
Ohne Gegenerwartung

Erfüllt vom spiegelnden Gegenüber.
Es ist Seelenliebe.

Seelenliebe ist unabhängig vom
menschlichen Geschlecht und
unabhängig vom menschlichen Alter.

Es ist eine magische Anziehungskraft,
die unaufhörlich an beiden zieht.

Keine Hürde ist unbesiegbar,
wenn das heilige Schwert durch die Hand
der wahren Liebe geschwungen wird.

Das Sinnbild der Liebe gibt es in allen Zeiten.
In vielen Geschichten und Namen.
Das Gefühl der wahren Liebe ist unverkennbar.

Erwachte Frauen und erwachte Männer drücken
ihre Erfahrungen in Leidenschaft
und Zärtlichkeit aus.

Zwei Körper können förmlich ineinander
verschmelzen vor Sinnlichkeit.
Es ist pure Liebe.

Lieblingsmensch
Lieblingsseele
Lieblingsuniversum

Es gibt jemanden, für den du es bist –
und wenn nicht, kannst du es werden.

Ich glaube so sehr
an die Liebe im Menschen.
In jedem von uns.

Liebe ist keine Tauschware und gibt
ohne Erwartungen!
Einfach so!

Vergiss nicht, die schönen und glücklichen
Momente deines Lebens
in deinem Herzen zu bewahren.

Seelenstreicheln

Die Seele kann gestreichelt werden –
durch Blicke
durch Worte
durch Gesten
durch Berührungen
durch liebevollen Halt.

Bettgeflüster

Die intime Zeit in deinem Leben ist (mitunter) die Wichtigste. Denn hier kannst du dich am tiefsten und am intensivsten spiegeln, auf allen Ebenen. Körper – Seele – Geist entfalten sich, wenn dein Gegenüber die Maxime des jetzt erlebten Augenblicks mit DIR ALLEIN zum erregendem Moment werden lässt.

Wirst du wahrgenommen als der, DER oder die, DIE du bist? Du spürst es in deinem Herzen. Und wenn du diese Zweisamkeit kennst, wirst du sie nie wieder vergessen. Du spürst wie das Erlebte in deinem Herzen zur Unendlichkeit wird und das Bettgeflüster wird zur Heiligkeit, zur wichtigsten Zeit deines Lebens.

Asexualität

Asexualität entsteht, wenn man den Zugang zu seinem Herzen verloren hat. Viele Menschen sind asexuell, sie wissen es nur nicht. Deshalb versuchen sie, den vom System gemachten Porno nachzustellen. Pornographisches Material jedoch spiegelt nur die niedrigste Frequenz dessen, was Sexualität in Wirklichkeit ist und führt erwiesenermaßen zu Impotenz.

Heart Beat

Jeder Herzschlag ist anders, jeder Mensch hat seine eigene Pulsqualität, seinen eigenen Beat. Es ist Beweis für deine eigene Schwingungsfrequenz und die Individualität deines Daseins. Wenn du etwas von Herzen tust, dann fällt es dir nicht schwer, denn das Herz drückt sich in leidenschaftlichem und eifrigem und hingabevollem TUN aus.

Herzkammerresonazraum

Eine Begegnung
Eine Berührung
Ein Resonazraum entsteht.

Seelenbegegnungen erkennst du daran, dass du den Menschen geistig in deinem Herzkammerresonanzraum begegnen und mit ihnen dort kommunizieren kannst. Hier tauschen erwachte Seelen hochfrequente Schwingungen aus, um ihr Schöpferpotential erfühlen zu können.

Seelenerkenntnis

Mein wirkliches ICH ist in ALLEM –
und ist EINS mit Allem
und ist in mir
ich umarme mich selbst

ICH sehe den Baum
und ich bin der Baum
und blicke auf mich

Ich wuchte den Stein
und ich Stein
lass mich von mir tragen

Ich bin die angstvoll geduckte Eidechse
und habe Angst vor mir selbst

Ich bin das Meer
und ich locke mich selbst
zum beglückenden EINS-SEIN

Ich bin die Brise
die erfrischend mich liebevoll streichelt

Ich bin das Licht
das mich bis in die Tiefen meiner Zellen
durchstrahlt

Ich umarme die Welt
und weiß,
dass ich mich selbst umarme

Seelenerwachen

Die letzten Jahre haben ganz viele Menschen an ihre Grenzen und darüber hinaus gebracht. Die kosmischen Einflüsse waren gigantisch. Doch auch wenn sich bei vielen von uns das Bewusstsein schon transformiert hat, so ist die äußere Welt noch nicht ganz bereit für die große Veränderung.

Es bleibt uns allen nichts anderes übrig als die äußeren Begebenheiten als Prüfungen hinzunehmen.

Nur der EIN-klang von äußerem und innerem Kosmos führt zur wahren Befreiung des versklavten Bewusstseins.

Wir alle ziehen am gleichen Strang, am goldenen Faden des Lebens und den Schicksalsfäden. Auch wenn wir es noch nicht wissen, die Menschheit hat sich für einen gemeinsamen Aufstieg entschieden.

Schmerz

Wenn es dein Herz in Stücke reißt:
Der Schmerz des Lebens ist vergänglich,
so wie das Leben selbst,
heute und morgen.
So war es immer.
So wird es immer sein.

Jeder von uns hat gewonnen und verloren. Wie lange eine Erfahrung anhält liegt nicht allein in unseren Händen, sondern im kosmischen Gesetz des ständigen Wandels.

Das maximale Gefühl an Liebe ist oft nur ein begrenzter Zustand, denn in jeder zwischenmenschlichen Beziehung treten Konflikte auf. Dein Herz kann sich für bestimmte Erfahrungen öffnen und dann wieder verschließen. Deshalb ist die Liebe zwischen zwei Menschen manchmal kein Dauerzustand, sondern ein gemeinsamer Wegabschnitt.

Seelenkrise

Teile von uns, innere Welten können sterben.
Es ist ein Loslassprozess,
der alle Gefühle offenbart:
Angst, Zweifel, Verzweiflung, Trauer und Hass.

Es entsteht Chaos,
es zeigen sich innerlich zerstörende
und destruierende Gedankenstrukturen,
wenn eine Seele sich frei macht
und Platz für Neues schafft.

Doch irgendwann kommt bei Niederschlägen innerhalb des Lebensweges die Kraft zurück und es beginnt die Zeit für den Wiederaufbau, denn da lebt auch Hoffnung in uns.

Und so wie Gott den Menschen den Regenbogen als Zeichen der Versöhnung und Liebe gab, so kann ein Mensch sein inneres Schöpferwesen bündeln und Seelenimpulse setzen, die nichts als Liebe sind. Der innere Regenbogen strahlt.

Anerkenne die Schwingung deiner
Gedankenkraft, wisse,
dass du damit dein Leben lenkst.
Sie gehört zu dir und ist tief mit den Erdchakren
verbunden.

Zerstörung alter Muster bringt Neues hervor.

Erkenne deine Schatten und du wirst den
goldenen Pfad der inneren Mitte finden.

Vertrauen zu haben in unser göttliches
Schöpferwesen ist mitunter
die schwerste Prüfung.
Besondere Seelen gehen besondere Wege –
und sie sind immer auch gefährdet,
durch ihre Selbstzweifel ihre Bestimmung
nicht zu leben.
Sie haben Angst vor sich selbst.

Wandel der Welten

Während du zwischen den Welten wandelst, fällst du. Das ist in gewisser Weise der emotionale Aufprall in ein Energiefeld, das zwischen der einen und anderen Welt, die in deinem Universum leben, existiert. Sei stark in dir und erfülle jeden Moment mit Liebe. Fülle deinen Geist mit Klarheit, dann kannst du den Wandel zwischen den Welten besser verkraften. Denn im Aufwachprozess bewegen wir uns von Zustand zu Zustand. Immer wieder haut es Menschen energetisch so um, dass sie kaum aus dem Bett kommen.

Wenn deine Seele Anteile von sich selbst verliert

Es gibt Lebens- und Seelengeschichten und Ereignisse, die uns menschlichen Wesen so nahe gehen, dass wir Seelenanteile von uns abspalten, eine innere Gedankenwelt erschaffen und emotional in dieser Geschichte hängen bleiben. Im inneren Erleben wird die Geschichte durch emotionale Fäden weiter „gesponnen" und es ereignen sich geistige Abhandlungen.

In diesen selbst erschaffenen Dramen geht es um Liebe, Freundschaft, Mut, Angst, Hass, Verletzung und vor allem um die Wahrheit des eigenen Herzens.

Letztendlich dienen uns diese Prozesse zur Persönlichkeitsentwicklung, zur Entwicklung menschlicher Tugenden, die wichtige Aspekte sind, um dein wahres Seelenwesen zu erwecken.

Du kannst diese inneren Welten aufbauen und dann einen Seelenanteil von dir eine Weile lang dort verharren und durchleben lassen, was notwendig für dich ist.

Doch dann kämpfe. Kämpfe um deinen Seelenanteil – denn er gehört zu dir – lass dich nicht unterkriegen von einer emotionalen Geschichte. Niemals, denn mittlerweile weißt du ja, wie wichtig es ist, bei sich selbst zu landen. Einmal ist es an der Zeit, loszulassen. Auch dann, wenn es weh tut. Es gibt immer einen Zeitpunkt, um weiterzugehen. Holst du deine verlorenen Seelenanteil zu dir zurück, merkst du, dass du durch emotionale Ereignisse reifen kannst, dass du dich verändert hast, denn schmerzhafte Gefühle können in menschliche Liebe gewandelt werden.

Wenn du abends nicht einschlafen kannst, weil deine Gedanken dich erdrücken – dann ist es deine Seele, die zu dir spricht. Höre hin, höre gut hin. Unterdrücke sie nicht. Für jedes Problem gibt es Lösungen – so viele unnütze Gedanken werden zum emotionalen Kreuz. Eine Last die dich erdrücken wird, wenn du dich nicht davon befreist. Frage dich bei der Konfrontation mit deinen eigenen Problemen (deinen Seelenprozessen) immer, ob du sterben kannst, wenn du dich Ihnen stellst, denn wenn nicht, dann mach dich frei.

Hörst du nicht hin, so sind es deine eigenen Seelenanteile, die du abschneidest, verbannst und aushungerst.

Auf lange aber auch auf kurze Sicht wird sich dies in Form von Krankheit in deinem Körper manifestieren.

Deshalb denke daran:

Lässt du Seelenanteile von dir selbst willentlich sterben, in dem du ihnen nicht zuhörst und nicht hinschaust, so wirst du krank werden.

Wo hast du deine Seelenanteile verloren?

Schließe deine Augen und ruf sie alle nach Hause zu dir selbst. Es ist Zeit, in deine Kraft zu kommen.

Du gehst deinen Seelenweg und plötzlich weißt du, wie du dir dein Leben erschaffst.

Wut

Hinter der Wut steht die Angst.
Die Angst sagt dir:
„Sei achtsam mit dir selbst, du bist verletzlich."

Konfliktfähigkeit

Du sollst Konflikte nicht meiden,
denn du bist dazu befähigt, sie zu meistern.

Die große Mutter der Erkenntnis

Sie vermag alle irdischen
Verbindungen und Verstrickungen zu lösen.

Denn sie ist allmächtig und nicht abhängig von
Zeit und Raum oder Materie.

Sie mischt die Karten im Spiel des Lebens neu
und führt dich auf dem Weg
der Selbsterkenntnis.

Die große Mutter der Erkenntnis ist eine der
mächtigsten Heilerinnen im Universum.

Regeneriere die schwarzen Löcher
deines Herzens.

Gedanken und Emotionen, die sich auf
Vergangenheit und Zukunft beziehen, verdunkeln
das reale kraftvolle JETZT- SEIN.

Unperfekt perfekt

Wir alle sind unperfekt perfekt.
Manchmal vergesse ich, wer ich bin.
Doch dann fällt es mir wieder ein.
Ich bin Menschin.

Und es ist menschlich, nicht perfekt zu sein.
Es ist menschlich, Fehler zu machen.

Es ist menschlich, zu scheitern.
Es ist menschlich, schmerzhafte Prozesse
zu durchleben.

Denn genau so sind wir perfekt,
genau so sind wir wahrer Mensch.

Und während du im Wandel deiner Wahrnehmung erkennst, wer du bist, erkennst du auch, dass das Äußere, die Natur, die Schöpfung sehr wohl Auswirkungen auf deine innere Welt haben. Denn sie sind ein Spiegel dessen, was du wirklich bist.

Manche Seelenerfahrungen sind es wert, alles loszulassen. Plötzlich bist du bereit, Wege zu gehen, die es zuvor in deiner Vorstellung nicht gab. Ein gutes Zeichen ist dabei immer die Leichtigkeit. Kannst du Wege, die sich dir neu eröffnet haben, mit Leichtigkeit gehen, dann bist du auf der sicheren Seite. Manchmal sind es jedoch die unendlichen Tiefen, bei denen du alles verlierst und vor dem NICHTS stehst, die dein höchstes Hoch bewirken. Dann scheint es zu Beginn nicht leicht zu sein, diesen neuen Weg zu gehen, doch das Leben kann nur rückblickend verstanden werden.

Die Seele strebt immer danach,
sich selbst zu erfahren.
In der Natur,
in anderen Menschen,
in Genüssen
und im TUN.

Wer sich zufrieden gibt mit Stillstand,
blockiert den Fluss des Lebens.
Lass Veränderungen zu,
das Gute soll zu dir kommen.

Über das Menschsein

Gesundheit und Krankheit gehören zusammen und sind wechselhafte Prozesse. Gesundheit kann nach Krankheit neu entstehen und ist das Bestreben, im System eine Verbesserung zu erreichen. Erst wenn sich zeigt, dass das äußere System dem inneren nicht standhält, kommt es zu Krankheit. Dann ist es an der Zeit das System zu verändern. Es ist wichtig, diesen Prozess bewusst zu durchleben. Denn jede Krankheit kann eine neue, verbesserte Gesundheit mit sich bringen.

Hinweis: Folgende Seiten beziehen sich auf Babys und Kinder. Wen dieses Thema nicht interessiert, bitte auf Seite 88 weiter lesen.

Schwangerschaft

Liebe Frauen,

seht es als Wunder an, dass die Frucht des Lebens in euch aufgehen darf. Es ist ein Geschenk, ein Kind unter dem Herzen zu tragen. Es ist ein Segen in seine weibliche Kraft zu kommen durch die Geburt seines Kindes. Das Muttersein wird mit der Geburt eines Kindes ebenfalls geboren und prägt das Wesen einer Frau. Es prägt sie im Empfinden. Im Handeln. Im Fühlen. Im Sein. Ihr sollt eure Babies lieben und ehren und pflegen. Und ihr könnt all dies auf einmal tun, wenn ihr euch selbst mit wahrem Bewusstsein tauft.

Vergesst nicht, euren Kindern zu erzählen, woher sie kommen und wie sie geboren wurden. Es ist keine Schande oder Scham einem Kind den Liebesakt und die Geburt zu erklären. In einfache kindliche

Worte gewandelt. Natürlichkeit ist bei Kindern die oberste Priorität. Kinder spüren Authentizität und gehen damit in positive Resonanz.

Verliebte Frauen versuchen oft, ihre Liebe mit dem Wunsch nach einem Baby zu beweisen. Jedoch ist ein Kind niemals ein Beweis, sondern immer eine Prüfung für die bestehende Bindung.

Embryonen speichern Emotionen

Ich habe viele Kinder gesehen und bin dabei, selbst vier groß zu ziehen. Eins hat sich in jedem Fall bestätigt: Wenn eine Mutter eine belastende emotionale Erfahrung in der Schwangerschaft durchlebt, so prägt dies die Entwicklung eines Kindes. Das Neugeborene ist physisch und psychisch durchaus gesund und dennoch zeigen sich in den ersten zwei Entwicklungsjahren Verhaltensmuster, die Ausdruck des erlebten und gespeicherten mütterlichen Seelenleidens sind. Neugeborene, die von Anfang an viel schreien und sich mit der Ankunft auf dieser Erde sehr schwer tun, sollten deshalb

therapeutisch begleitet werden, wenn die Möglichkeit besteht. Die Homöopathie, die Phythotherapie,
aber vor allem die Osteopathie bieten die besten
Alternativen, um embryonal-emotional entstan-
dene Konflikte zu lösen und dem Kind zu einer
verbesserten Ausgangslage für seine Entwicklung
zu verhelfen.

Neugeboren

Hier bin ich.
Ich brauche dich.
Behüte mich.

Ich bin ein Wunder,
gewachsen in dir,
geboren durch dich.

Wir sind von- und füreinander bestimmt
in diesem Leben.
Meine Seele liebt dich.

Säuglinge sind sendende Seelen

Säuglinge tragen die Botschaft
purer Liebe in sich – das pure Licht.

Bei jeder Geburt schaut ein dutzend Engel entzückt vom Himmel herab, um die Seele in ihrem Körper als neues Individuum zu begrüßen, so in sich perfekt, vom Anfang bis zum Ende, mit allen Potentialen die zuvor nie dagewesen sind. Kosmische Individualität bei jedem Mensch. Im Kosmos gibt es keinen Klon, auch dann nicht, wenn die Genetik zu 100% identisch ist. Auch dann nicht, wenn sie im Labor gemacht wurde. So sendet ein jeder Säugling seine eigene Botschaft in diese Welt und fängt an, seine eigene Geschichte zu schreiben.

Babymassage

Seinem Kind Geborgenheit und Liebe zu schenken ist ein Instinkt, der seit Anbeginn der Menschheit existiert. Die regelmäßige Babymassage stärkt die Bindung zwischen Mutter/ Vater und Kind. Durch die sanften Berührungen wird die Durchblutung gefördert, was den gesamten Stoffwechsel und Kreislauf anregt. Die Babymassage in den Alltag zu integrieren ist ein kraftvolles Ritual, denn es ist mitunter die intensivste Zeit im Leben einer Frau und ihres Neugeborenen. Für die Babymassage sollen nur hochwertige, naturreine Öle verwendet werden.

Säuglinsosteopathie

Die Säuglingsosteopathie ist eine sanfte Heilbehandlungsmethode, die viele Beschwerden im Säuglingsalter lindert. Verzögerungen der Entwicklung und Auffälligkeiten bei Säuglingen, Kindern und Jugendlichen werden oft nicht erkannt und in ihrer Entstehung nicht richtig zugeordnet. Ursache ist sehr häufig eine komplizierte oder traumatische Geburt. Die Säuglingsosteopathie ist eine der wunderbarsten Berufungen, um eine Körper-Seele-Geist-Einheit liebevoll zu begleiten.

Seelenarbeit mit Säuglingen

Bei der Seelenarbeit mit Säuglingen bereitet man ein Bad mit einem milden Teeauszug zu und erzählt dem Baby während dem Baden eine vorbereitete Geschichte.

Rezept: Teemischung Seelenbad für Säuglinge

Rosenblätter	10 g
Lavendelblüten	10 g
Melisse	10 g

(in einer Apotheke mischen lassen)

Zubereitung

1 EL pro Tasse, mit heißem Wasser übergießen und 10 Minuten ziehen lassen, abseihen. Noch etwas abkühlen lassen, ins Badewasser geben. Die Badtemperatur soll 37° C nicht übersteigen.

Das Wasser bringt den Elementewechsel und erinnert an die Schwerelosigkeit im Mutterleib.

Anwendung ab der 2. Lebenswoche

"**Mein liebes Baby, geliebte Seele, mein liebes Kind,**

ich heiße dich willkommen hier bei mir in meinem Leben. Mit deiner Geburt hat dein individuelles Seelenlicht die Erde erhellt. Ich deine Mutter/ dein Vater segne dich mit meiner Liebe und dem Versprechen dich unter meinen Schutz zu stellen, und dich auf deinem Wege zu begleiten, voller Vertrauen in dein Selbst."

(In dem Seelenbrief an dein Kind kannst du deine ganz eigene Variante finden, immer auf die aktuelle oder allgemeine Situation bezogen. Schreibe auf, was dein Herz fühlt.)

Kindergeburtstag

Mein liebes Kind,
heute feiere ich mit dir die Begegnung unserer Seelen in der Gewissheit, dass alles nach einem kosmischen Plan verläuft.

Ich freue mich über mein Kind, und bin dankbar, dass es geboren wurde, dass es ist, wie es ist, unabhängig von allen äußeren Umständen. Einem Kinde das Geburtsgeschehen, ja die eigene Geburtsgeschichte zu erzählen, ist lebendige Psychologie und schult das Weltenverständnis. Schreibe einen Seelenbrief an dein Kind und lege ihn unter sein Kopfkissen. Es ist ein magischer Zauber.

Auch die Sternenkonstellation und die Uhrzeit unserer Geburt haben eine Bedeutung in unserem Leben. Dieses Bewusstsein möchte zu uns zurückkehren.

Begebe dich auf die Suche nach deiner Sternen-Geburtskonstellation. Dein Geburtsort ist dein irdisches Sternentor, gedenke diesem Ort jedes Jahr, es gibt dir Kraft. Dein Geburtsdatum und die Uhrzeit sind deine ganz individuellen Sternenkoordinaten, auch sie geben dir Kraft. Schreibe sie liebevoll auf und stelle sie in deinen Wohnraum, damit sie ihre Wirkung entfalten können.

Der Mensch in seiner Entwicklung

Kind im Trotzalter

Du große Seele im kleinen Körper. Ich sehe dich und sehe, dass da zu wenig Platz ist und das, was draußen ist, das passt da innen nicht rein. Es passt das Innen nicht mit dem Außen zusammen.

All deine Erkenntnisse und Erlebnisse wollen dich überfluten. Du brauchst Aufmerksamkeit und Distanz zugleich.

Sanft umschließe ich dich mit der Liebe dieser Erkenntnis. In dem Wissen, dass jeder Lebensprozess seine Zeit braucht – denn das ist Entwicklung – das Recken und Strecken von Körper, Geist und Seele. Raumfordernde Prozesse in allen Dimensionen. Das Wachstum des Menschen über sich selbst hinaus.

Pathologische Verhaltensmuster sind normal

Pathologische Verhaltensmuster sind Verhaltensmuster, an denen man erkennt, dass die Psyche einen wichtigen Prozess durchläuft (Trotzalter, Pubertät, Torschlusspanik, Alterskrise ...).

Sie werden von der Umwelt oft als unangenehm, unverständlich, nervig oder übertrieben wahrgenommen. Doch diese Verhaltensmuster sind Ausdruck innerer Lebenszyklen – emotional und biochemisch – sie dienen zur Charakterreifung, Persönlichkeitsentwicklung, Entscheidungsstabilität und auch zur körperlichen Reife, so z.B zu einem gesunden Immunsystem.

Warnung: Sie kommen in jedem Lebensalter vor!!!

Sie sind ein wichtiger Indikator, denn sie zeigen, dass die Seele und der Körper sich entwickeln.

Kinderboykott

Natürlich boykottieren Kinder primär unsere eigenen Verhaltensmuster und reflektieren uns damit. Doch sie boykottieren sich auch selbst. Das kann äußerst anstrengend sein. Aber es gehört dazu, es auszuhalten, denn dies ist ebenfalls Seelenerfahrung, Persönlichkeitsbildung und Charakterprägung.

Kinder durchlaufen Phase für Phase und Prozess für Prozess. Und ich verrate Ihnen was: Erwachsene tun das auch. Wer sich nicht entwickelt, kann seine Prozesse nicht durchlaufen, die Seele kann sich nicht ausbilden, entfaltet nicht ihr Potential und der Mensch läuft Gefahr, unglücklich und krank zu werden.

Biographiearbeit

Konfrontation mit der eigenen Geschichte.
Ichbezogene Reflexion.
Sich selbst kennenzulernen
gehört zum Lebensprozess –
in Krisenzeiten umso mehr.

Kinderbesprechung

(aus der Anthroposophie)

Bei der Kinderbesprechung geht es darum, ein
Kind liebevoll wahrzunehmen, um sein Wesen zu
erfassen. Dabei wird eine empathische Haltung
gegenüber dem Kind eingenommen. Alle Betrach-
tungen und Wahrnehmungen sind respektvoll zu
formulieren.

Bei der Kinderbesprechung begegnet man den
Kinderseelen im geistig – kosmischen Sinne, auf
Augenhöhe.

Mehrere Erwachsene (Eltern, Großeltern, Erzieher, Lehrer, Menschen, die das Kind kennen) setzen sich an einen Tisch.

Es ist sinnvoll, sich einen zeitlichen Rahmen zu setzen (ca. 1 Stunde).

Unterstützend kann ein selbst gemaltes Bild oder eine Bastelarbeit vom Kind sein. Ein Foto wird nicht verwendet, da ein inneres Bild entstehen soll. Es wird überlegt, welche Farbe, welche Pflanze oder welches Krafttier zu dem Kind passt.

Man beginnt mit dem vollständigen Namen und der Geburt:

Wie war die Geburt?
Geburtsdatum, Geburtsort?
Wie war der erste Tag?
War es ein Wunschkind?
Das wievielte Kind ist es?

Danach folgen im Detail:

Die äußere physiognomische Erscheinung – der physische Leib

Die Gewohnheiten des Kindes

Die Ich-Identität

Die Eigenheiten des Kindes, Seelen- und Gefühlsleben

Abschließend:

Wohlwollende Wünsche für den Moment und fürs Leben. Unterstützung und Begleitung. Durch eine Kinderbesprechung wird ein Kind erheblich in seiner Entwicklung unterstützt.

Menschenbesprechung

Eine Menschenbesprechung ist das gleiche wie eine Kinderbesprechung, denn Erwachsene sind groß geworden Kinder. Hierbei handelt es sich jedoch um Gespräche unter Freunden.

Freunde

In die Menschen, die ich Freunde nenne, habe ich das Vertrauen, dass, wenn sie über mich sprechen, dass sie es über mich als Mensch tun. Dass ihre Aussprachen über mich wohlwollend sind und sie meiner Seele helfen, indem sie mich und meine Situation liebevoll reflektieren. Dass sie meine Grenzen achten und meine Gefühle respektieren. Dann weiß ich, dass sie da sind, um mich zu begleiten.

Schwestern und Brüder

Zusammenhalten ist so alt
wie die Menschheit selbst.

Wisse, dass du Wegbegleiter hast.

Es ist wichtig, Verbündete zu haben,
gleichgesinnte Schwestern und Brüder,
die einen ähnlichen Weg gehen.

Schließt Bündnisse und Bruderschaften –
du brauchst Menschen,
denen du vertrauen kannst.

Ein Freund ist der,
der dich an die Melodie deines Herzens erinnert,
wenn du sie vergessen hast.

In Krisenzeiten ist es wichtig, dass der
Zusammenhalt unter Freunden bestens
organisiert ist!

Haltet euch – haltet euch gegenseitig!

Die Sterne sind zum Greifen nah –
die Sterne deines inneren Universums
sind die Menschen, die du liebst.

Sehe die Menschen, die du liebst.
Halte Ausschau nach deinen Sternen.

Fang an zu „sehen" und erkenne,
dass du es bist, der alles verändern kann.

Deine Wahrnehmung über die Begegnung mit
anderen Menschen und dem Leben an sich,
prägen dein Empfinden.

Begegnungen

Psychoaktive Gespräche –
Bewusstseinserweiterung durch
menschliche Kommunikation

Ich habe etwas in dir gepflanzt.
Es interessiert mich, wie es wächst.
Ich freue mich, dass aus der kleinen Pflanze
ein Baum werden kann,
ein Baum der aufgeht und anfängt zu blühen.

Ich kann es kaum erwarten,
bis du deine ersten Früchte trägst,
weil jeder,
der deine Frucht empfangen darf,
ein Stück seiner eigenen Erfüllung erhält.

Das Universum hat seinen wunderbaren Weg
gefunden,
um dich zu erreichen,
um mich zu erreichen.

Und jeder Mensch wird erreicht werden,
zu seiner Zeit.

Es war eine schwere Geburt,
doch der Stern in dir ist geboren.
Noch ist er ganz klein,
doch schon ist er dabei,
sich ein eigenes Universum zu schaffen.

Die Gleichung mit all ihren Unbekannten
fängt an, sich ihre Lösung zu suchen.

Und die Unbekannten offenbaren sich.
Du findest die Wahrheit,
die in allen Rechnungen einen Weg kennt.
Den Weg, den wir Liebe nennen.

Suchst du im Mikroskopischen so stößt du auf die
Unendlichkeit,
und suchst du in der Unendlichkeit,
so stößt du auf das Mikroskopische,
das kleinste Ur-Teilchen,
das in seiner völligen Harmonie,
der Liebe schwingt.
Liebe deinen Nächsten, wie dich selbst.

Erkenne darin, dass du zuerst dich selbst lieben
sollst und
wissen sollst, dass du die Liebe bist.

Solange dir diese Erkenntnis fehlen bleibt suchst
du die Liebe in den falschen Werten.
Du suchst sie in der Materie
und bei anderen Menschen.

Doch diese Liebe wird dich auf Dauer
nicht erfüllen können.

Erkenne dich selbst und
du wirst der Liebe würdig sein.
Du selbst wirst die Liebe sein.

Wenn du sie weitergibst,
wird sie sich verdoppeln
und wenn du welche bekommst,
wird sie sich um ein Vielfaches vermehren.
An deiner Liebe werden die anderen Menschen
dich erkennen.

Öffne dich für die Liebe und das Leben
wird sich dir eröffnen.

Mit den besten Wünschen für diesen Tag!

Und so ist aus einem intensiven Gespräch ein inneres Universum entstanden.

Manche Begegnungen, mögen sie auch noch so kurz sein, sind nur dazu da, dass man wieder spürt, wie wunderbar man ist.

Gespräche mit Freunden

Auch Freunde können einem das Herz brechen.

Ich möchte achtsam und sensibel zu meinen
Mitmenschen sein,
weil ich mir wünsche,
dass sie auch achtsam und sensibel zu mir sind.

Ich weiß, dass du es weißt,
ich sag's dir trotzdem :

Vertrauen kann man nur sich selbst
und auch das ist oft schwierig genug

Man kann Vertrauen
zu anderen Menschen haben,
es ist ein Geschenk des Herzens,
manchmal wird man dabei enttäuscht,
dann ist es eine der edelsten Tugenden,
auch von Herzen zu verzeihen.

Nur du weißt,
was du in einer Beziehung bereit bist zu geben.

Oft ist es das Schwierigste,
neue Wege zu gehen und alte Muster
zu durchbrechen.

Es ist immer auch das eigene Muster,
das einen blockiert – aus Angst.

Das ist Selbstschutz
und das ist gut.

Aber bei der Begegnung mit Liebe auch
unangebracht:
Man kann es überwinden.

Komm wir spielen Garten Eden.

Ein Zungenkuss kann soooooooo inspirierend sein.

Jede erwachte Seele ist eine kosmische Schönheit!
Umgehe emotionale Schmerzen nicht.
Manchmal fließen viele Tränen, um die Seele aus
einer Geschichte zu befreien.

Dennoch: das Leben ist kein Stillstand.
Manchmal muss man weitergehen,
auch wenn es weh tut.

Geliebte Seele, lass uns deine Furcht besiegen.
Gemeinsam holen wir dich da raus –
du bist nicht allein!

Ich fühle mich gerade wie ein Vogel,
der beschwingt von seinem Glück anfängt zu
fliegen und dabei jedes mal
auf den Schnabel fällt.

Doch das Gefühl des inneren Fliegens,
des Glücks ist so schön,
dass er es immer wieder versucht
und sich nicht entmutigen lässt.

Es gibt Worte für den Moment
und es gibt Worte für die Ewigkeit.
Ich bin so froh,
dass meine Seele nicht aufgehört hat,
nach dieser Erkenntnis zu suchen,
und ich bin dankbar,
dass ich sie mit dir machen darf –
und ich erinnere mich,
das Leben ist so schön in vielerlei Hinsicht.

Deine Seele ist frei –
du bist niemandem Rechenschaft schuldig,
wenn du den Weg DEINES Herzens gehst.

Das Leben schreibt die schönsten Geschichten.

Die Evolution hat ihre nächste Stufe erreicht.
Der Homo Sapiens Magicus ist erwacht.
Er hat sein wahres SEIN erkannt
und kommt in seine Schöpferkraft.

Leben

Es ist unabdingbar, dass ein Mensch Zeit für sich alleine hat. Jeder von uns muss sich selbst tief in die Augen sehen können, jeden Tag aufs Neue, um zu wissen, dass er als Körper-Seele-Geist-Einheit den richtigen Weg geht. Sei bereit, den täglichen Kampf mit dem Herzen zu führen. Dann werden sich alle Schlachten legen. Und du wirst immer der Sieger sein, auch dann, wenn du einmal verlierst.

Männer und Frauen

Männer und Frauen kämpfen gemeinsam diesen Kampf. Seite an Seite. Wir haben uns schon immer gegenseitig gerettet. Aus Liebe, denn wir sind eine Einheit. Alles ist im Großen und Ganzen eine Einheit, alleine durch die Tatsache, dass es IST. Es geht um unser aller Freiheit und um unser ganz persönliches Schicksal.

Enden die Geschichten immer noch wie damals,
in den Heldensagen und den Schlachten um die
Königreiche?

Ja das tun sie.

Unsere Geschichten sind immer noch
voller Schmerz und Leid,
denn wir sind eine Welt,
in der die Seele kein zu Hause haben darf.
Es wird uns verlernt.

Deshalb erkennen viele nicht,
warum sie inkarniert haben
und kämpfen einen falschen Kampf
und finden nicht den Weg ihrer Seele.

Männer

Sie sind die Tankstelle der schöpferischen Quelle in der Frau. Sie geben Schutz, Halt und Nahrung, wenn sie können. Auf allen Ebenen. Ihren Müttern, ihren Frauen, ihren Töchtern und jeglicher Weiblichkeit. Ein wissender Mann, ein erkennender Mann kniet nieder vor der Schöpfung in der Frau. Dafür wird er mit dem Paradies belohnt. Dann entsteht wahrhaftige Einheit und jegliches Wachstum ist möglich. Frauen lieben Männer. Sie sehnen sich so sehr nach den wahrhaftigen Männern, denn es liegt in der Natur ihrer Gebärmutter, dass sie zum Erschaffen von Gedanken, Gefühlen und jeglicher Materalisation geboren sind.

Die meisten Männer werden vom System verschlungen. Sie sind die Arbeitstiere der Finanzbehörden. Ihre Seelenfreiheit wird durch staatliche Verpflichtungen unterdrückt.

Stoppt den gesellschaftlichen Vampirismus,
gebt die Männer frei!

Jesus

Ein hellsichtiger Heiler, inmitten deiner Selbst.
Die männliche Intuition zu finden ist sehr viel
schwieriger als die weibliche.

Das Christusbewusstsein lebt in jedem von uns.
Hier finden wir sie, die männliche Intuition.
Die Liebe in Allem zu leben, in jedem Moment,
das ist das Jesus-Gen.

Spartacus

Nicht aufgeben, bis zum Schluss!
Keine Enttäuschung vermag ihm seine
Liebesfähigkeit und seinen
freien Willen zu nehmen.

Er stirbt für seine Liebe einen ehrenhaften Kampf.

Der Kämpfer

Er ist der Beschützer der Menschheit
und der Gerechtigkeit,
er kämpft für sich und die,
die seine Hilfe brauchen.

Sein Verstand ist messerscharf
und seine Sinne sind hellwach.
Er verpasst nicht seinen Einsatz, denn er weiß,
wann es Zeit ist zu handeln.

Der Druide

Er kennt die kosmischen Gesetze
und wahrt das Urwissen der Welt in sich.

Er ist ein Wissender des Weltengeschehens
und beobachtet alle Entwicklungen kritisch.

Der Druide weiß,
wie berechnend die Menschheit ist.

Er agiert nach den kosmischen Gesetzen
und in weiser Vorausschau.

Denn jeglicher Zufall ist Bestimmung.

Der Rebell

Ein Mann wird zum Rebell,
wenn er von der weiblichen Kontrolle
unterdrückt wird,
denn dann kann er sich nicht entfalten.

Er mag keine Vorgebungen,
die seinem Seelentemperament widerstreben.
Er ordnet sich nicht wortlos unter.
Er erhebt seine Stimme.

Frauen

Eure biochemischen Zyklen sind so viel feiner,
als die eines Mannes
und deshalb seid ihr so viel schwieriger zu verstehen.

Um sich wahrhaft körperlich hingeben zu können, braucht eine Frau einen Orgasmus im Herzen. Der Mann, der ihr Herz zum Tanzen bringt, öffnet all ihre weibliche Chakren und verwandelt ihre Hingabe in einen leidenschaftlichen Fluss. Die Mondin und ihr Zyklus beeinflussen den Lebensrhythmus der Frauen, es ist unsere naturgebundene Empfänglichkeit. Und wie Ebbe und Flut sich abwechseln, so wechseln auch die weiblichen Emotionen, denn alles spielt sich bei der Frau auf Empfindungsebene ab. Ob sie dies spürt oder nicht, ob es ihr bewusst ist oder nicht, spielt dabei keine Rolle. Es ist ein Naturgesetz und somit ein kosmischer Fakt.

Es gibt weibliche Hormone,
die als Kampfeinheit agieren –
und sie sind gnadenlos,
dem inneren und äußeren System gegenüber.

Maria Magdalena

Jede Frau trägt den Aspekt der Maria Magdalena
in sich –

als liebevoll stillende Mutter
als leidenschaftlich Liebende
und göttlich Geliebte
als Predigerin und Seelenheilerin
als Heilige und Hure
als erwachte Frau, die ihren eigenen Seelenweg geht.

Die Elbin

Die erdgelöste Energie einer Elbe
ist leicht und offen und ehrlich.

Sie geht tapfer den Weg des Schicksals,
der Treue und dem Bündnis zu sich selbst,
mag der Schmerz auch noch so groß sein,
sie hat die Kraft, es auszuhalten.
Ihre Symbole sind der Bogen und das Schwert.

Die Schamanin

Die tief verankerte
erdgebundene Energie
der Schamanin öffnet
alle Dimensionstore im Kosmos
und bringt ihr eine klare Einsicht
in den Schoß von Mutter Erde.

Sie ist die Meisterin des Materialisierens
und die Elemente verneigen sich
in Liebe vor ihr.

Alles folgt ihr in positiver Resonanz.

Die Hexe

Die Hexe ist schuld an allem.

Doch sie ist mächtiger als die Schuld,
denn sie weiß,
dass es diese nicht gibt.

Unberechenbar.
Mächtig.
Unsterblich.
Unberechenbar.

So ist das Temperament der Hexe.

Sie nimmt keine Rücksicht
auf Gesellschaft und Moral,
denn diese haben sie verraten.

Die Rebellin

Eine Frau wird zur Rebellin, wenn ihr
Seelentemperament unterdrückt wird –
geistig und wenn sie kann, auch im Handeln.

Jede Frau strebt nach der unendlichen kosmischen
Freiheit so sein zu dürfen,
wie sie IST.

Lilith

Das Herz der Lilith schlägt in jeder Frau
und die Stimme Liliths spricht zu jeder von uns.

Lilith ist die Urschamanin der Mutter Erde
und alle wissenden Frauen sind
ihre leiblichen Töchter.

Sie erschaffen ihr inneres und ihr äußeres
Universum aus sich selbst heraus,
aus dem tiefen Wissen des Seins.

Du als Frau oder Mann

Deine Seelenbeschaffenheit setzt sich aus verschiedenen Seelengenen zusammen. Du als Mensch trägst eine wunderbare Seele in dir, ihre Elemente prägen dich und dein Leben und die Summe deiner Erfahrungen.

Wer ist deine Seele?
Schließe deine Augen spür dich hinein,
fühle es – sehe es!

Allgemeiner Hinweis

Alle Männer sollten in ihrem Leben viel
Brennessel- und Weidenröschentee trinken,
es hält die Prostata gesund.

Alle Frauen sollten in ihrem Leben viel
Frauenmantel- und Schafgarbentee trinken,
es hält die weiblichen Organe gesund.

Körperpflege als Ritual

Wasser wäscht dich rein,
auch im energetischen Sinne,
auch im Bewusstsein.

Achte und ehre deinen Körper
und kümmere dich um ihn.

Benutze hochwertige Öle oder Produkte,
die deine Sinne inspirieren.

Achte deine Ahnen

Die, die vor dir waren,
haben dir deinen Weg eröffnet.

Ohne sie wärst du nicht hier.
Ehre sie in Liebe und erlöse
ihre Seelen vom Schmerz,
(ein liebevoller Gedanke von dir
an sie ist dabei ausreichend)
dies wiederum löst deine eigenen
mental-genetischen Verhaltensmuster,
die innerhalb einer Familie weitergegeben
wurden und werden.

Deine Ahnen begleiten dich liebevoll
und schützen dich,
auch dann wenn du keine emotionale
Verbindung zu ihnen hast oder hattest.

Tod

Als du heute hier gestorben bist,
wurdest du im Jenseits geboren.
Ich weiß, es geht dir gut.
Wir sehen uns wieder!

Und wie unser Körper heimkehrt zur Erde,
so kehrt unsere Seele HEIM
zur kosmischen Seele.

In Wirklichkeit vergeht nichts.
Alles bleibt bestehen,
es wandelt sich nur,
im biochemischen
und im energetischen Sinne.

Und während du heute über den Tod nachdenkst
erblüht ein Teil der Moleküle deiner Ahnen
vielleicht gerade als wunderschöne Apfelblüte,
die schon morgen als Frucht deinen Hunger stillt
und zum Teil deiner selbst wird.

Wir alle waren bereits alles.

Denn die Erdatmosphäre verliert
ihre Atome nicht,
sie befinden sich im ewigen Wandel.

Emotionen

Jede Emotion
wird aus einer Resonanz heraus geboren.
Jeder Gedanke
wird aus einer Emotion heraus geboren.
Jede Manifestation
wird aus einem Gedanken geboren.
Jede Handlung
wird aus einer Manifestation geboren.

Du bist, was du fühlst.

Go in ease

Unsere Nervensysteme sind überlastet.
Deshalb suchen die Menschen wieder so sehr nach
Einfachheit
und Klarheit
und Echtheit.

Finde die Lösung in der Klarheit.
Finde Fülle durch Einfachheit.
Dann begegnet dir das Echte.

Alles Leben ist im Wandel –
auch die Materie.

Innerer Kosmos

Der Schöpfergeist ist in jeder Zelle enthalten und
auch das Abbild des Universums, der Mikrokosmos
im Makrokosmos ist in jeder Zelle, in jedem Molekül,
in jedem Atom. Der Mensch und sein Universum
bestehen jeweils aus drei Hauptdimensionen,

denen mehrere Unterdimensionen zugeordnet sind. Diese 3 Hauptdimensionen sind der Körper, der Geist und die Seele, die im fließenden Gleichgewicht zueinander stehen. Ihre Kommunikation entsteht durch Resonanz, auf materieller, mentaler und energetisch-feinstofflicher Ebene. Es ist die individuelle universelle Homöostase.

Verändert eine der Dimensionen ihre Umlaufbahn, ihre Zeit- und Raumachse, ihre Größe, Weite, Tiefe – so hat dies auch Auswirkung auf die anderen Dimensionen.

Deshalb können psychische Probleme einen Hormonmangel bewirken, oder ein Hormonmangel psychische Probleme.

Ein Mangel in einer der Dimensionen kann sich wiederum durch die dem Menschen innewohnenden Welten bemerkbar machen, weil wir in unseren Welten Rollen spielen und weil sich z.B. ein Hormonmangel bei Frauen durch gravierende emotionale Symptome und daher auch im aktiven Verhalten zeigen kann. Jede deiner inneren Welten ist sozusagen ein eigener Planet. Und wie

im großen Sternenhimmel ein jeder Planet seine
eigene Umlaufbahn hat, so hat auch eine jede
deiner inneren Welten ihren eigenen Rhythmus.

Das ist der Puls des Lebens.
Das sind die kosmischen Gesetze.

In der mikroskopischen Umlaufbahn von Protonen
und Elektronen gibt es beide Seiten, positiv und
negativ, hell und dunkel. Es gibt keine Neutralität
alleine. Materie kann nur durch Polarität zu Materie
werden. Ein Elektron allein vermag keine Materie zu
manifestieren. Erst durch das Zusammenspiel der sich
ständig anziehenden und abstoßenden Elektronen,
Protonen und Neutronen entsteht Materie. Durch
ihren gemeinsamen Tanz entsteht eine konstante
Schwingung, die Materie bewirkt. Beides gehört dazu.
Deshalb macht es dich so menschlich, wenn du durch
deinen Schmerz hindurchgehst. Nur wer Frieden
mit den negativen Erfahrungen des Lebens schließt,
kann zu seiner Ganzheitlichkeit finden. Anerkennst
du beide Pole in dir, so entwickelst du ein gesundes
Gleichgewicht.

Therapeutisches Universum – Dimensionen der Heilung

Alternative medizinische Therapien sind in unserem Gesundheitssystem nicht mehr wegzudenken. Der Ursprung der Naturheilkunde liegt im Anbeginn der Menschheit.

Neue naturwissenschaftliche Erkenntnisse verbunden mit uraltem Wissen können in der alternativen Medizin erhebliche Erfolge erzielen.

Emotionale Konflikte können furchtbare körperliche Symptome hervorrufen. Symptome sind die Sprache des Körpers. Sie wollen erhört werden. Dabei ist jede Krankheitsgeschichte differenziert zu betrachten, auch wenn die Symptome die gleichen zu sein scheinen.

Mensch-Sein

Jeder Mensch ist, geprägt durch seine Erfahrungen und Erlebnisse, ein einzigartiges Individuum.
Dabei durchläuft der Mensch vom ersten bis zum letzten Atemzug physische und psychische Entwicklungsprozesse.

Seele

Körper   *Geist*

stehen als untrennbare Einheiten im Wechselspiel zueinander und beeinflussen sich gegenseitig.

Osteopathische Therapie

„Wir finden alle Teile des Sonnensystems und des
Universums im Menschen vertreten"

Andrew Taylor Still (1828 – 1917),

Begründer der Osteopathie

Grundlage der Osteopathischen Therapie ist das
Erlernen komplexer anatomischer Zusammen-
hänge und das Ausbilden exakter palpatorischer
Fähigkeiten.

Der Körper besteht aus hochintelligenten Teilsys-
temen (Dimensionen), die die innere Homöostase
(das innere Gleichgewicht) aufrechterhalten. Alle
primären und sekundären Traumata (Stürze,
Verletzungen, Einwirkung von physikalischen
Kräften) aber auch psychoemotionale Entwicklungsprozesse werden in unserem Körpergeweben
gespeichert.

Die Osteopathische Therapie vereint Biomechanik
und Biodynamik und stellt ein komplexes

Heilbehandlungssystem in der komplementären Medizin dar. Jedes Organ, jedes Körpergewebe hat seinen eigenen Rhythmus und seine eigene Frequenz, seine ganz eigene biomechanische Bewegung die von einer Biodynamis gesteuert wird.

Osteopathische Techniken

Listening

Das „listening" (Zuhören) ist die Fähigkeit die Sprache des Körpers zu fühlen und ihm durch gezielte osteopathische Techniken Wege zu zeigen, um in ein neues Gleichgewicht zu kommen.

Remembering

Ist die Reaktion des Organismus. Die Erinnerung an das, was gespeichert ist. Erlebtes speichert sich als Erinnerung in Körper, Seele und Geist ab und zeigt sich durch die Reaktion des Gewebes. Der Zugang zur Erinnerung kann sich während einer osteopathischen Behandlung ebenfalls auf körperlicher, geistiger oder seelischer Ebene abspielen, in Form von inneren Bildern, Emotionen und physischen Reaktionen.

Still point

Ein „still point" entsteht, wenn Ruhe und Entspannung ins Gewebe einkehren. Der Organismus ist in der Lage, durch Selbstregulation Rhythmik- und Spannungsphänomene zu lösen. Der Körper duldet den „still point" nur für einen kurzen Moment und reagiert dann nach dem Grundprinzip: Leben ist Bewegung. Die Bewegung setzt wieder ein, in gleicher, veränderter oder verbesserter Form. So entsteht der „Point of Balance".

Point of Balance

Konnte der Organismus gute Lösungsmöglichkeiten finden, so wird es zu einer stabilen Harmonisierung der Bewegung kommen. Still point und Point of Balance sind quasi der RESET – Neustart für das Gewebe. Auch im Gewebe gespeicherte Emotionen können so gelöst werden.

Körperrhythmen –
die vergessenen Frequenzen

Die Gezeiten deines Körpers, der Rhythmus deines Körpers, deine Einbindung und der Ablauf deines Lebens in dir und im Ganzen, ist deine persönliche Frequenz. Wie ein energetisches Mandala pulsieren deine magnetischen Felder im Gleichklang auf und ab. Anabol und katabol. Füllend und leerend. Spüre in dich hinein und erfühle deine Rhythmen. Deine Frequenz und dein Magnetfeld sind kraftvoll und stark wenn du wieder Zugang zu deinem Bewusstsein hast. Am Besten gelingt dir dies durch tiefes bewusstes Atmen.

Das Cranio Sacrale System
spacy liquid inside

Gehirn und Rückenmark sind der Ursprung unserer Komplexität und unseres Seins. Sie liegen innerhalb unseres Schädels und der Wirbelsäule in einem schwerelosen Raum, umflossen von Liquor, der sich ständig neu produziert. Umgeben ist dieser geschlossene Raum von feinsten Hirn- und Rückenmarkshäuten und Blutgefäßen, die das innere System schützen und nähren. Das Cranio Sacrale System ist hochkomplex und birgt übergeordnete Funktionsstellen in sich, die das gesamte System steuern. In unserem Liquor sind Photonen, hochsensible Lichtträger, in denen das kosmische Urwissen gespeichert ist. Diese übertragen blitzschnelle Impulse und nähren uns mit der kosmischen Lebenskraft. Hier ist der irdische Sitz der Seele.

Die osteopathische Arbeit mit dem
Cranio Sacralen System ist Feinstarbeit
und kann wahre Wunder wirken.
Das Leben ist kein Fixpunkt,
ebenso wenig wie der Cranio Sacrale Rhythmus.
Es ist Bewegung.
Ja, Leben ist Bewegung.

Erweiterte osteopathische Gedanken

Alle menschlichen Zyklen sind biochemische Schönheiten.

Die Arbeit eines osteopathischen Therapeuten entspringt aus einem spirituellen Geist und aus einem philosophischen Geist, verbunden mit emotionaler Anatomie. Osteopathie ist ein Geisteszustand, der durch den Therapeuten einen Körper bekommt und durch das bewusste anatomische Erfühlen die Geschichte eines jeden individuellen Universums, genannt Patient, erhört/erfühlt.

Jumping point

Der Wendepunkt – der verändernde spürbare Fakt.

Gebündelte Lebenskraft und Tatendrang werden durch den Körper spürbar.

Die Manifestation eines neuen Musters und damit
der Beginn eines neuen Prozesses
entsteht.

Menschen werden durch die osteopathische Therapie auf ihrem Seelenweg begleitet.

Akasha-Chronik des Universums

Die kosmische Seele lebt. Alle Emotionen die im
Kosmos entstehen sind wahrhaftig. Jede Geschichte
hat zwei Seiten. Jeder hat seine eigene Wahrheit.
Jeder hat sein eigenes Empfinden und alles hat
seine Berechtigung.

Jede Geschichte ist im Universum gespeichert – für
immer, denn alles was passiert ist, ist real und im
jeweiligen JETZT die Maxime des Moments. Die
Akasha-Chronik ist die Intelligenz und das Erin-
nerungsvermögen des Universums. Auch wenn wir
dies nicht zu erkennen vermögen. Und so schwingt

sich jeder Moment, den du erlebst in die Ewigkeit der Akasha-Chronik ein.

Das Universum kennt deine Geschichte.

Akasha-Chronik des inneren Universums

Ein Osteopath kommuniziert mit der Akasha-Chronik des inneren Universums. Denn deine Geschichte ist gespeichert in deinem Gewebe. In jeder Zelle und in jedem Atom von dir. Deine Seele kennt deine Geschichte und auch deine Biochemie – dein physischer Leib kennt sie.

Deine Seele versäumt nicht, alles, was du erlebst, in deine kosmische Unendlichkeit zu integrieren. Dein Körper verleiht deiner Seele einen materiellen Ausdruck.

Deshalb lebt deine ganz persönliche
Akasha-Chronik in dir.

Homöopathie

„Similia similibus curentur,
Ähnliches ist durch Ähnliches zu heilen"

Samuel Hahnemann (1755–1843), Begründer der Homöopathie

Die Homöopathie ist ein eigenständiges Heilsystem. Durch die sorgfältige Repetorisation wird für das jeweilige Krankheitsbild das zutreffendste homöopathische Medikament gewählt, um die Selbstheilung nach dem Ähnlichkeitsprinzip zu aktivieren.

Homöopathische Arzneien können eingesetzt werden bei:

- allen akuten Erkrankungen und Traumata
- allen chronischen Erkrankungen
- begleitend zu allen schulmedizinischen
  Therapiemaßnahmen

Phythotherapie

Die Phythotherapie befasst sich mit der Pflanzen-
welt, der Apotheke aus der Natur.

Pflanzeninhaltsstoffe können mit ihrer Wirksamkeit den menschlichen Organismus unterstützen,
begleiten, aktivieren und reorganisieren. Organ-
funktionen und biochemische Zyklen werden
durch Phythotherapeutikas auf eine natürliche
Weise reguliert. Die Wirksamkeit von Phythophar-
makas ist wissenschaftlich belegt und anerkannt.

Alles,
was unseren Körper zu heilen vermag,
finden wir in der Natur.

Seelenarbeit

Seelenarbeit ist die liebevolle Konfrontation
mit sich selbst.

Du bist der Sinn des Lebens.
Das Leben ist die Philosophie.

Federleicht – federfrei ist dein Seelensein,
du bist, was du bist.
Erinnere dich.

Durch Biographiearbeit und Selbstreflektion
finden wir zum innersten Kern.

Systemische Symbolaufstellungen zeigen
mentale Muster und Empfindungen,
die lösungsorientiert reflektiert werden.

Lebensprozesse sind Seelenprozesse,
die unseren individuellen Lebensweg prägen.

**Jede Seele hat ihre Bestimmung,
darauf kann der Mensch vertrauen.**

Sternenstaub

Der Sternenstaub deines inneren Universums sind deine Erfahrungen – die guten und schlechten, die hellen und dunkeln, die vor Glück übersprudelnden und die, die so schmerzhaft waren, dass sie dir fast das Herz aus dem Leib gerissen haben.

Liebevoll wirbelnd um sich selbst ergeben sie ein buntes Farbenspiel, das das Wunderwerk Leben in Form von Pigmenten in deiner Regenbogenhaut festgehalten hat.

Schau dir die Augenfarbe von Säuglingen an. Die meisten von Ihnen haben eine grau-blaue, etwas trübe Augenfarbe. Erst durch den Kontakt mit Licht – mit dem Aufschlag der Augenlider nach der Geburt beginnen sich die Pigmente zu entfalten und den Seelenglanz ihrer Erfahrungen zu bilden.

Deine Augen sind Ausdruck deines dir innewohnenden Universums.

„... und du wirst ihn / sie am Seelenglanz
in den Augen erkennen ...“

Der Augenblick, also der Blick in die Augen spielt eine wichtige Rolle beim Erkennen von Seelenbegegnungen. Denn die Sprache der Augen enthüllt das Mysterium des Seelenfeuers.

Wenn ich in deine Augen sehe, ganz tief, dann sehe ich durch dich hindurch und in dich hinein und bekomme eine Innenschau, dessen, wer du wirklich bist.

Arbeit mit dem inneren Universum

Seelensingen

Jede Seele hat ihre eigene Schwingung und ihren eigenen Ton. Du musst nicht singen können, um deinen Ton zu finden. Das Seelensingen bringt dir deine ureigene Schwingung zurück.

Mit deinem Seelenton öffnest du alle Dimensionstore, zu denen du Zutritt haben kannst.

Mit deinem Seelenton kannst du die Schwingung der Erde verändern.

Mit deinem Seelenton kannst du die Seelen verstorbener Menschen bei ihrem Übergang begleiten.

Mit deinem Seelenton kannst du deine Ahnen erreichen.

Mit deinem Seelenton kannst du Materie in dein Resonanzfeld singen.

Mit deinem Seelenton kommunizierst du mit
dem Universum und der Quelle allen SEINS.

Segle auf dem Ozean deines Herzens –
erschaffe dir die schönsten Visionen
und vertraue Ihnen.

Seelenmalen

Das Malen des inneren Universums reflektiert die
Selbtwahrnehmung und bringt das kreative Sein
in die äußere Welt. Jeder kann es tun, man braucht
keine Fähigkeiten um seinen inneren Künstler zu
erwecken.

Reflektiere deine inneren Welten und male sie, so
wie du sie empfindest zu einem Universum. Wähle
Farben und Formen, die zu den Empfindungen der
jeweiligen Welt passen.

Therapeutisches Universum, Beispielbild für das Malen
eines inneren Universums. Hier sollen die einzelnen Welten,
die unterschiedlichen Methoden und Techniken in der
Naturheilkunde darstellen.

Heilende Essenzen für die Seele
Unterstützung im Seelenprozess

Rosen-Essenz
Wenn das Herz blutet

Wenn dir das Herz vor Liebe blutet
oder vor Schmerz zerbricht,
erinnere ich dich an das sanfte
streicheln der Schöpferhand.

Vergissmeinnicht-Essenz
Finde deine Seele

Durch die Natur spricht deine Seele zu dir,
denn du bist in allem was ist.

Vergiss mein nicht sagt deine Seele zu dir selbst
und erinnert dich daran,
dass du du bist.

Magnolien-Essenz

Öffne dein Herz –
öffne die Blüte deines Lebens.
Empfange.
Fühle.

Walnuss-Essenz

Mut zur Veränderung.
Wage den Weg deines Herzens.
Ich gebe dir tiefe Verwurzelung und Halt.

Anwendung:

Jeweils
3 mal täglich 10 Tropfen auf 1 Glas Wasser.

Auch wenn man alle Therapiemethoden
in Anspruch nimmt,
so ist doch die Berührung eines Menschen,
der einen liebt die größte Heilung.

Die Stille ist das Atmen der kosmischen Seele

Dämonen haben eine Schwäche,
sie können sich verlieben.
Wenn sie dies tun,
werden sie zu Lichtwesen.

Unantastbar, leidenschaftlicher denn je zuvor.
Der Liebesflug der Dämonen ist ein heiliger Akt,
bei dem selbst dem Kosmos
vor Erfüllung der Atem stockt.

Ein kosmischer „still point" entsteht.

Das kosmische Gesetz der Liebe

Auch das Dunkle hat seine Berechtigung.
Und so mancher Schwarze Planet
hat einen lichten Kern.

Denn Atome in ihrer Masse können
nie nur dunkel sein.

Jede Materie ist in ihrem Ursprung Licht.
Immer.

Jedes Atom ist ein Individuum.
Jedes Atom hat Gefühle.
Atome gehen in Resonanz.
In helle und dunkle Resonanz.
Ohne zu beurteilen.

Atome können vergewaltigt werden.
Atome können traurig sein.

Doch: Es ist möglich, dass sie ihre Resonanz eines
Tages verändern.
Denn: Veränderung IST immer möglich.

Und mag die Wahrscheinlichkeit
auch noch so klein sein,
so ist sie doch in einem relevanten
Raum berechenbar.

Beginnt auch nur ein einziges Atomar,
seine Resonanz zu ändern,
entsteht durch eine Kettenreaktion
ein weißes Loch
und das kosmische Gesetz der Umkehr
beginnt zu wirken.

Der schwarze Planet wird erleuchtet.
Durch die Umkehr der Resonanz entsteht
Sternenstaub.

Funkelnder Sternenstaub, der das Universum
auf allen Ebenen erweitert.

Bewusstseinserweiterung des Universums.
Die Anerkennung der kosmischen Seele,
mit all ihren Welten.

Die Wiedergeburt des weißen Kosmos.
Die Erleuchtung des homo sapiens magicus.

Der homo sapiens magicus spürt seinen
Seelenanteil auf Metaebene –
er ist mit ihm verbunden.

Der kosmische Mensch weiß,
dass er multidimensional ist.

Schließe Frieden mit deinen Schatten,
dann kannst du die lichtvolle Seite leben.

Erlöse deine inneren Dämonen,
gestatte ihnen einen Liebestanz.

Du kannst dich gegen die dunklen Mächte
wehren,
indem du deine Schwingung erhöhst –
innerlich und äußerlich.
Denn dann ändert sich deine Resonanz.
Dies tust du mit Liebe.

Die Bestimmung innerhalb der kosmischen Seele

So, wie jede Zelle Bestandteil deines Körpers ist,
und wichtig für das große Ganze,
für die Struktur und Form und
für die Existenz an sich,
so bist auch du – und jeder einzelne wichtig für
das große Ganze,
denn wir formen den kosmischen Körper.

So, wie Zellen gebildet und abgebaut werden
im ewigen Wandel – im Fluss des Lebens –
so ist auch das menschliche Dasein ein
Kommen und Gehen.

Eines Tages werden wir geboren,
eines Tages werden wir sterben.
Doch die kosmische Seele bleibt.
Unsere Emotionen füllen die kosmische Seele
und lassen sie sich selbst erfahren.
Das Universum im Glück seiner Bestimmung.

Die hämatopoetische pluripotente Stammzelle aus dem Knochenmark wird durch externe Faktoren (biochemische Information und Kommunikation von Botenstoffen) zu ihrer Bestimmung geprägt, um entweder als Blutkörperchen den Sauerstoff zu transportieren, unser lebensnotwendiges Element, unsere unabdingbare Verbindung mit dem äußeren Kosmos, oder als Immunzelle das Verteidigungssystem zu bilden, um das ebenso lebensnotwendige innere Universum – die innere Homöostase, den Ablauf aller Stoffwechselprozesse zu verteidigen. In ihrer intrakosmischen (körperlich physischen Ebene) hat die Zelle ihre Bestimmung gefunden. Biochemisch wurde sie geprägt von den Botenstoffen, der Information, die sie bekommen hat. Geprägt werden alle Zellen aber auch von den Gefühlen unseres Bewusstseins und Unterbewusstseins. Es ist ein entscheidender Unterschied, ob deine Zellen sich gut fühlen oder nicht. Krankheiten sind die Sprache des Körpers. Und damit auch der zellulären Emotionen.

Wir Menschen

So sind es unsere Talente und Fähigkeiten und Erfahrungen, die uns zu unserer Bestimmung führen. Du wirst gebraucht im Universum – und es ist ein entscheidender Unterschied, ob du dich gut fühlst oder nicht.

Du bist Teil des Kosmos.
Du bist der Kosmos.
Du hast eine Bestimmung.
Du bist unverzichtbar.
Hey du, ja genau DICH meine ICH.

Seelensymbole –
kosmische Symbole

Materialisieren durch
Symbolisieren

Symbolische Helfer (wie Steine, Kerzen, Blumen, Bilder) sind materielle Wesenheiten, mit denen wir in tiefer Liebe verbunden sind. Es ist das Bewusstsein der Materie, die durch uns ihre Emotionalitätsexistenz zum Ausdruck bringt, deshalb sind sie bereit, als symbolische Helfer unsere Gefühle zu erlösen. Sie bringen den Energiefluss in die richtige Richtung.

Schlichter Marienaltar

Intuitives Steinkreislegen

Das intuitive Steinkreislegen ist ein kosmisches Kommunikationssystem. Die eigene Symbolik wird über alle Dimensionen hinaus ins Universum gesendet, um dort seine Wirkung zu entfalten.

Denn es ist uns erlaubt, die unerschöpflichen Energien aus dem Kosmos zu schöpfen. Das intelligente Universum wartet nur darauf, von uns ein Zeichen zu bekommen, dass wir es verstanden haben.

Du musst nicht viel wissen, um einen intuitiven Steinkreis zu legen, nur welcher Stein für welche Emotion, Begebenheit oder welchen Herzenswunsch steht. Am kraftvollsten sind Steinkreise, die bei einem Vollmondritual gelegt werden. Die Energie verstärkt sich, wenn der Steinkreis einige Zeit liegen bleibt.

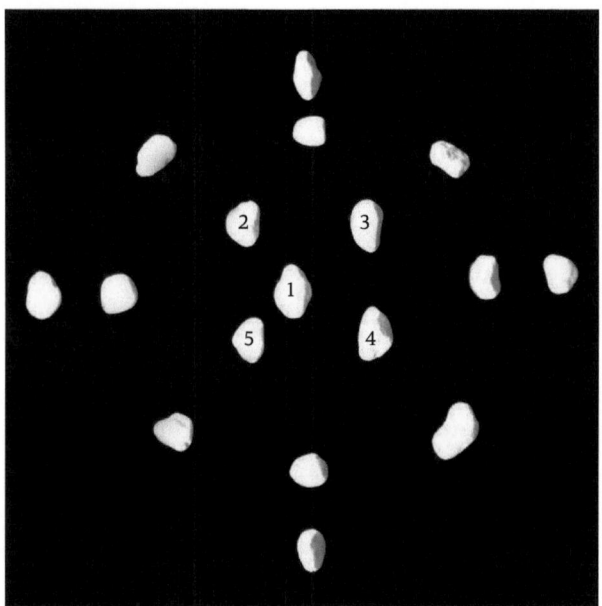

Beispiel für einen intuitiven Steinkreis. Man beginnt in der
Mitte. Stein 1 stellt den Herzenswunsch dar, Stein 2, 3, 4,
5, sind die Rahmenbedingungen, Körper, Seele, Geist und
Liebe, die es benötigt um einen Wunsch zu manifestieren.
Die restlichen, äußeren Steine sind Elemente oder Energien,
die die Manifestation unterstützen (z.B. Symbol für günstige
Gelegenheiten, helfende Hände usw.)

Innerer Avatar

Aktivierte Elemente verbunden mit der eigenen Seelensymbolik führen zu inneren Visionen. Sei einfach du selbst. Aber geb den Dingen in deinem Leben einen Sinn. Fülle sie mit der Heiligkeit deiner Liebe und du wirst die Elemente mit deiner Kraft erreichen können, mit ihnen kommunizieren und lernen, dich mit ihnen in Ehrfurcht zu verbinden. Der innere Avatar ist der Herr/ die Herrin der Elemente und vermag Moleküle durch den Geist zu Materie zu verdichten. Das ist erwachte kosmisch-irdische Kommunikation. Das ist geistig-körperlich-seelische Entfaltung. Verbinde dich mit den Elementen. Verleihe diesem Ritual eine große Bedeutung, und du wirst lernen, deine Welten damit zu beherrschen.

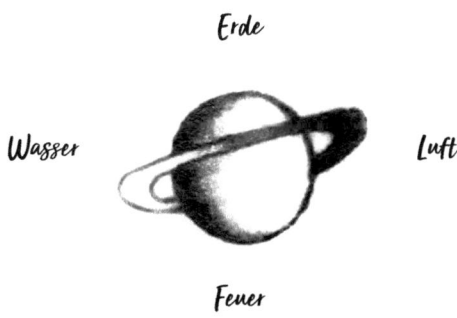

Erde

Wasser   Luft

Feuer

Kosmisches Gesetz

Kosmische Konfrontation trifft alle. Von Zeit zu Zeit entstehen kosmische Resonanzfelder, die im Kollektiv wirken. Dann können alle Systeme betroffen sein Körper – Seele – Geist.

Globale Unruhen sind auf andere Art und Weise auch in jedem einzelnen zu spüren, auch wenn sie sich irdisch an einem weit entfernten Ort befinden.

Durch das Energieband zu Mutter Erde sind wir alle mit dem Weltengeschehen verknüpft, das sich durch uns zum Ausdruck bringt.

Ebenso bedingt sich deine äußere Welt durch die Begebenheiten deines inneren Universums. Es ist ein kosmisches Gesetz. Deshalb beginne in dir.

Materialisieren durch Gedankenmanifestation

Du kannst deine Welt formen,
denn sie besteht aus Energie.

Am Anfang war das Wort.

Deine Seelensprache, deine Art mit der Materie zu kommunizieren, bedingt das, was du in deinem Leben manifestierst. Forme deine Welt mit deiner ureigenen Herzensenergie aus dem Impuls der Liebe heraus. Sie ist die geistige Manifestation, und somit der Seelenschlüssel für die irdische Manifestation.

Manifestation durch Suggestion

Mentale Kommunikation auf Seelenebene. Auf Seelenebene kannst du jeden Menschen erreichen, auch wenn sein Bewusstsein nicht erfassen kann, dass es diese Ebene gibt.

Wenn du ein Ziel erreichen willst und weißt, dass es dafür in der äußeren Welt notwendig ist, gewisse Systeme zu durchlaufen, so kannst du allen Menschen, denen du auf diesem Wege begegnest, um die Hilfe zur Erfüllung deines Seelenplans bitten. Du kannst telepathisch in ihrem Bewusstsein auftauchen und mit ihnen kommunizieren. Dies kann aber nur dann geschehen, wenn die Absicht für den eigenen Seelenweg aus der tiefsten Herzensüberzeugung entspringt. Bei Prüfungen kannst du im Geiste die Prüfer z.B. darum bitten, dass sie dir wohlgesonnen sind, dass sie die richtigen Fragen stellen und dein Potential nicht auf eine Ebene minimieren, dass sie in einem tiefen Unterbewusstsein erkennen, dass du die Person bist, die den Weg ihres Herzens geht.

Orte

Sternentore und Kraftplätze gibt es
überall auf der Welt.

Doch es ist egal, wo du bist.
Wir Menschen sind es,
die Orte zu besonderen Orten machen.
Wir taufen sie mit Bewusstsein.

Erfüllung finde ich an jenem Ort,
der meine Sehnsucht stillt.

Realitätsvariable

Kennst du es, wenn die Wirklichkeit zu verblassen scheint und deine innere Realität eine ganz andere ist, als die der äußeren Welt.

Doch was ist Realität?
Das was du denkst?
Das was du fühlst?
Das, was du denkst,
dass es die anderen über dich denken?

Jeder hat seine eigene Realität, die durch die subjektiven Wahrnehmungen und Empfindungen aus der Erlebnissumme deines Lebens entsteht. Und so ist sie ein freies individuelles Empfinden, dass sich immer wieder verändern kann. Das ist der Seelenpuls der individuellen Wahrnehmungsrealität. Lass zwei Menschen im gleichen Raum die gleiche Situation erleben und es dir danach erzählen. Du wirst zwei unterschiedliche Geschichten hören.

Das ist die Realitätsvariable.

Das Urzeit-Jetzt

Du bist immer noch im gleichen JETZT,
wie gestern
und auch morgen wird das JETZT
das gleiche JETZT sein wie JETZT gerade,
denn das JETZT existiert seit Anbeginn der
Zeit und ist die einzige Konstante,
die uns in unserem Sein umgibt.

Seelenzeit

Zeit mit sich selbst.
Erfüllt vom Sein.
Sich spüren.

In die eigenen Träume und Visionen versinken.
Den Ruf des Lebens spüren.
Denke daran, dies zu tun.

Zeit

Die Zeiten ändern sich. Zeit ist keine beständige Einheit. Es liegt in dir, die Zeit deines Lebens sinnvoll zu nutzen und deine Liebe in allen deinen Tätigkeiten fließen zu lassen. Du kannst eine Verschiebung der Zeit und Raum-Achse bewirken. In jeder Zelle befindet sich ein Wurmloch, es ist die Existenz eines zeitlosen Raumes. Und ein erfülltes Leben macht glücklicher als ein gefülltes.

Nimm dir Zeit – für dich.
Nimm dir Zeit – zum LEBEN!

Von Zeit zu Zeit wirst du es
an deiner inneren Zufriedenheit merken,
ob du den richtigen Weg gehst.

Dann ist die Zeit zur Selbstreflektion.

Jeder Lebensprozess hat seine Zeit.

Deine Seele ist in Bewegung

Es ist faszinierend, wie sich die Wahrnehmung innerhalb von Wochen, Tagen, Stunden, ja manchmal innerhalb von Sekunden verändern kann.

Es sind ineinanderfließende Lebenszyklen und Entwicklungsprozesse auf physischer und psychischer Ebene.

Sie laufen parallel und abwechselnd gleichzeitig. Ist der eine beendet, hat der Nächste längst begonnen und der Übernächste fängt auch schon an. Es ist ein nie endendes Spiel der Entitäten deiner persönlichen Seelenerfahrungen.

Die Summe unserer Emotionen prägen unsere Seele.

Die Vermaledeiten

Ich lebe geistig anarchistisch im kirchlichen und staatlichen System. Und so beuge ich mich weder vor studierten Pfarrern und auch nicht vor Staatsoberhäuptern. Ich blicke auf zu Menschen mit Seelenreife und Herzenswärme, ganz egal, welchen Beruf sie ausüben, denn sie spiegeln mir den wahren Sinn des menschlichen Daseins.

Auf meiner Suche habe ich mir unterschiedliche Glaubenssysteme angeschaut – keines war für meinen Freigeist geeignet. Sie haben mich auf meinem Weg und meiner Suche nur voran getrieben. Glaube braucht kein System, Glaube entspringt aus kosmischer Liebe.

Es ist an der Zeit, neue Erkenntnisse und uraltes Wissen als „Leichtigkeit" in unser Leben fließen zu lassen. Du brauchst keinen Heiligenschein, um heilig zu sein, denn das Leben an sich ist ein Heiligtum. Das ist ein kosmischer Fakt.

Über die Bibel

Es sind Bezeugungen und Geschichten und Erinnerungen aus der damaligen Zeit.

Aber auch subjektive Wahrnehmungen, die in Worten verewigt wurden. In der Bibel stehen Worte der Wahrheit, versteckt und offensichtlich. Vieles ist Symbolik.

Entscheidend aber ist, dass Teile weggelassen, hinzugefügt und verändert wurden. Es ist nicht die ganze Wahrheit und es ist nicht die einzige.

Garten Eden

Selbsterkenntnis und Seelenfrieden nähren deinen Garten Eden. Durch zwischenmenschliche Begegnungen wächst und gedeiht er. Und in der Nacht, im Dunkel, haben die Gewächse deines Paradieses Zeit, sich zu erholen und zu regenerieren, um am nächsten Tag noch schöner zu erblühen. Doch so manches schöne und heilende Kraut ist auch ein Nachtschattengewächs.

Das Paradies ist dem Mensch näher
als ihm bewusst ist.
Er sieht es nur nicht,
denn es wächst und blüht in ihm.

Kennst du deinen Garten Eden?
Erschaffe ihn dir,
lass deine Erkenntnisse Früchte tragen.

Kreuzigung

Wie oft hast du dich schon selbst gekreuzigt
in deiner inneren Welt?
Auferstehe, auferstehe!
Oh du großes Schöpferwesen, rette dich selbst!

Weihnachtswunsch

Ich wünsche dir:
dass dein Stern immer für dich leuchtet,
dass dir Sterne begegnen,
dass deine Gedanken zu Sternen werden,
dass du Josef und Maria in dir erkennst
und selbst zum Christus wirst
zum Schöpfer deiner eigenen Welt.

Weihenacht

Sternentore öffnen sich.
Inneres und äußeres Universum
kommen in Einklang.

Der Weltenrhythmus erholet sich.
Erdgebundene und erdgelöste Energien
ändern ihre Umlaufbahn
und treffen sich am Gegenpol,
um sich vereinigt im Wandel der Zeit
auf einen gemeinsamen Weg zu machen.

Die Hochzeit beginnt,
fängt gerade erst an.

Freue dich oh Christenbewusstseinheit,
die dunklen Jahre sind vorbei.

Das Universum wird geflutet vom
kosmischen Licht.

Geweihte Nacht

Materie zerstäube dich.
Moleküle befreiet euch.
Atom schwebe hoch hinaus
und forme dich zu dem,
was du sein willst.

Schwarze Schneeflocken fallen
vom Himmel und grüßen dich.

Sie erinnern dich dran,
dass die dunkle Seite nicht mehr
als die Wahrheit ist.

Die Erkenntnis.

Erwachtes Volk,
befreie das Gitternetz der Erde.
Nehme deine Schicksalsfäden selbst in die Hand
und webe aus deinem Herzkammerresonanzraum
dein schönstes SEIN.

Sarael – der weiße Engel

„Gefallen, um aufzusteigen –
ich bin erlöst.“

Sarael ist fest verwurzelt mit der Erde und ragt
hoch in den Himmel hinein.

Er ist der weiße Engel, der über alle erwachten und
alle gefallenen Seelen wacht.

Sarael kennt Schmerz und Leid und begleitet jeden,
der ihn um Hilfe bittet,
unabhängig davon, wer er sein mag.

Sarael bewirkt Wunder, wo die Hoffnung der
Menschen längst gestorben ist.

Wer sich mit Sarael verbindet und unter seinem
Schutze steht,
kann ihn durch ein unsichtbares Band jederzeit
erreichen.

Sarael kennt die Zweifel der Menschen.
Er versteht sie und stellt sich auf ihre Seite.

Sarael öffnet die kosmischen Tore der
Erinnerung und schenkt dir die Fantasie.

Er ist der weiße Engel des Lichts, der alle
anderen Farben in sich trägt und deshalb
besonders viele Seelenaspekte
anschwingt und heilt.

Seine Gegenseite ist das tiefste und dunkelste
Schwarz, auch „L'ange noir" genannt,
denn auch Engel können rebellisch sein.

L'ange noir –
der schwarze Engel

Er ist Hüter aller Dunkelwesen und aller
gefallenen Engel –
er liebt sie und seine Liebe zu ihnen ist so stark,
dass er selbst zu einem mächtigem
Dunkelwesen wird.

Sein stärkstes Element ist das Verständnis
jeder existierenden Emotion.
Sie beten ihn in Liebe und Dankbarkeit an.

Er wird zum Sinnbild für Luzifer selbst,
obwohl er es nicht ist.

Die, deren Namen er nennt, sind erlöst.
Seine Liebe und sein Schutz für die Dunkelwesen
erheben seine lichtvolle Seite in einen solchen
Glanz, dass seine Gegenseite Sarael selbst ist.

In liebevoller Vereinigung symbolisieren Sarael
und L'ange noir die beiden Lebensaspekte
Schwarz und Weiß.

Sie sind Symbol für die Ganzheitlichkeit in der energetischen Welt.

Alle Engel jubeln, wenn wir unsere Seele finden. **„It's partytime in heaven"**

Krafttiere – alles ist in dir

Krafttiere sind innere Seelenbegleiter. Sie helfen dir, in deinem inneren Universum, Kräfte zu aktivieren und Lebensaufgaben besser zu bewältigen. Sie schützen dich mit ihren Gaben, wenn du mit ihnen eine Verbindung eingehst. Sie übermitteln dir Botschaften und helfen dir, Krisenzeiten zu bewältigen. Krafttiere unterwerfen sich in Liebe und gebieten lebenslange Treue. Jeder Mensch hat seine individuellen Krafttiere, die sich in den unterschiedlichsten Farben zeigen können. Farbe und Tier in Kombination bringen dir deine individuelle Inspiration und Information.

Der weiße Adler

Er ist der, der dir den Weg weist,
er ist der, der dich begleitet auf deinem Weg,
er ist der, der aus der Ferne über dich wacht,
unbemerkt, aber äußerst achtsam.
Hast du das Krafttier Adler in dir aktiviert,
dann kannst du in deiner Welt fliegen.

Das schwarze Einhorn

In dunklen Zeiten bin ich es,
der dich aus dem Tal der Dämmerung führt,
denn ich fürchte die Dunkelheit nicht.

Es gibt kein dunkleres und tieferes Schwarz,
als das meiner Augen
und so stockt jedem der Atem, wenn er mich sieht.

In meinen Augen spiegelt sich der Seelen-
oder Wesenheitenglanz eines jeden Wesens
oder Energieform.

Und mag deren Licht auch noch so klein sein,
in meinem Gegenüber vermag sie sich zu spiegeln.

Ich bin die liebevolle Erkenntnis deiner dunklen
Seite, in der schönsten und reinsten Form.
Die „Ich bin Erkenntnis" beginnt
im dunklen Schein.

Das schwarze Einhorn ist Symbol für Heilung auf
allen Ebenen.

Krafttier Wolf / Wölfin

Ein Wolf ist selbstlos.

Er lebt für sein Rudel und die
ewige Treue einer Bruderschaft.

Ein Wolf wärmt dich direkt mit seinem Herzen. Das
Krafttier Wolf/ Wölfin symbolisiert die Hinführung
oder Ankunft zu einem lang ersehnten Ziel. Der
Wolf stellt sich furchtlos seinen Lebensaufgaben. Er
fürchtet nicht die Dunkelheit oder das Böse.

Drachologie

Mit der Kraft des Drachens kannst du von Welt zu
Welt fliegen – durch das gesamte Universum! In dir!

Ihr Drachenreiter des Universums – ruft eure
Drachen, reitet auf ihnen und zerstört die Lügen
der Jetzt-Zeit.

Ein Drache ist stark, treu, kämpferisch und hat ein
sehr waches Bewusstsein.

Die Drachenkraft lebt in unseren Herzen und zeigt
sich durch unser Lebenstemperament.

Das Auge des Drachen

Die aktivierte Drachenkraft bewirkt ein waches
Bewusstsein und ein scharfes geistiges Auge.

Die Intuition verstärkt sich,
man erhält Einsicht in kosmische Fügungen.

Der Drachenflug

– Heerscharen von Drachen –
Immer wieder neu gebildete Drachenkörper
formen sich am Himmel und zeigen ihre
Flugkünste.

Es ist eine heilige Nacht,
denn heute ist es die Mondgöttin selbst,
die ein Ritual vollzieht.

Und so haucht sie allen Drachenreitern des
Universums die Leidenschaft in die Lebensadern.

Und sie kommen.
Ganze Heerscharen folgen ihrem Ruf.
Bewusst und unbewusst.

Der Himmel ist dicht und dunkel
und wolkenverhangen.
Es ist die Kraft des Materialisierens.
Heute schließen die Erzengel unter der Hand der
Mondgöttin ein Bündnis mit den Drachen.

Es sind die hellsten und mächtigsten Energien
des Himmels, die sich heute mit den tiefsten und
ebenfalls den mächtigsten Energien
des Universums verbinden.

Michael erhebt sein Schwert nicht länger gegen die
Kraft der Drachen.

Sie schließen ein Bündnis,
das in alle DIMENSIONEN schwingt,
denn es ist Zeit,
die Ganzheitlichkeit
des Universums in Liebe anzuerkennen.
Denn es ist die Zeit des Seelenerwachens und
nichts kann uns mehr stoppen.
Die Urzeitseelen sind erwacht.
Sie halten sich nicht mehr flach.

Nehmen kein Blatt mehr vor den Mund und
vollziehen den Wandel der Welten.
Das Zeitalter des HOMO SAPIENS MAGICUS
ist angebrochen.

Und so sind es in dieser Nacht nicht nur die
Drachen, die am Himmel fliegen.

Auch die Engel zeigen sich in Gestalt und Form.
Atemberaubend schön.

Durch das neue Bündnis kommt eine uralte
Verletzung in die Kraft der Heilung.

Es ist eine der ältesten Verletzungen überhaupt.
Heile liebes Universum – heile.

Durch diese Heilung bekommen alle lebendigen
Symbole eine neue Lebensenergie,
denn lange Zeit lagen sie verborgen.
Und so sage ich dir heute:

„Du selbst bis das lebendige Symbol SEGEN"

Alles,
was mit dir in Berührung kommt
ist gesegnet.

Die verlorene Drachenkraft

Die verlorene Drachenkraft äußert sich in unerträglichem Gejammer, sowohl bei Männern als auch bei Frauen.

Kennst du die Art von Menschen denen es ständig schlecht geht? Denen es quasi nur gut geht, wenn es Ihnen schlecht geht? Sie sind es. In ihrem Herzen sind sie gesund, aber sie haben die Stärke nicht, das, was sie sich erschaffen haben mit Liebe zu (er)tragen, ihnen fehlt das Durchhaltevermögen.

Verletzte Drachen fliegen nicht

Verletzte Drachen sind nicht flugfähig. Es ist schlicht und ergreifend zu gefährlich. Und in kosmischen Krisenzeiten haben alle Drachen Flugverbot.

Alte Drachen sind weise und klug, deshalb bekommen sie die schwierigsten Lebensrätsel gestellt und erweitern mit ihrer Konfrontation die kosmische Intelligenz.

Drachen sterben nie, nur wenn man sie tötet. Von alleine sterben sie nicht, sie werden nur immer älter.

Diesmal wird es anders sein. Wir stehen am Abgrund und ohne mit der Wimper zu zucken stürzen wir uns hinunter in der Gewissheit, nicht auf dem Boden aufzuprallen. Denn wir werden aufgefangen – von unseren Drachen – denn es ist längst Zeit von Welt zu Welt zu fliegen und die Illusionen zu entlarven.

Der weiße Lichtstrahl

In einem weißem Lichtbad kann die Seele regenerieren.

Diese Regeneration dringt im energetisch-feinstofflichen Bereich in die Umlaufbahn der Elektronen, Neutronen und Protonen und wirft ihre Welle, somit trägt sich die heilende Frequenz durch alle Körpergewebe hindurch und aktiviert die

Selbstheilung auf einer sehr hoch schwingenden Bewusstseinsebene.

Wesenheiten

Visionen aus der Anderswelt –
einer anderen Dimension

Eine Elbe ist keine Elfe und eine Elfe ist keine Fee

Elfen und Feen sind irdische Geschöpfe, die mit der Schöpfung entstanden sind. Sie sind erdgebunden. Es gibt sie in ähnlicher Gestalt und Wesensart auch auf anderen Planeten und im gesamten Universum. Auf der Erde sind sie die geistige Essenz in Pflanzen oder irdischen Lebewesen. Sie beschützen Tiere und lieben Kinder.

Elben sind Wesen der lichtvollen Sternennationen, deren Seelenanteile im Menschen inkarnieren können. Einst gab es eine Zeit in der Elben auch ohne Inkarnation auf diesem Planeten wandelten. Doch diese Zeit ist längst vergessen. Durch Kriege, aber auch durch Vermischung mit den menschlichen Völkern hat sich die irdische Wahrnehmug von den Elben verloren.

Mit lichtvollen Augen blicken die Elben aus dem Universum auf ihre Brüder und Schwestern und stehen Ihnen geistig zur Seite. Im Wissen, dass die Seelen im Jenseits alle eins sind. Sie lieben ihre Kinder und Kindeskinder und sie lieben die Erde. Im Gegensatz zu einem Menschen besteht eine Elbe aus einem feinstofflicheren Körper. Elben und ihre Ahnen sind unverkennbar. Am Schädel, an den Augen, an ihrem Wesen und an ihrem intuitiven Wissen. Menschen mit einer Elbenseele schwingen sehr hoch.

Die Elbenenergie ist eine der mächtigsten des Universums. Sie arbeitet mit Symbolen, Metaphysik, kosmischer Alchemie mit Krafttieren und vor allem mit dem Element der wahren, wachen, erwachten und bewussten Herzensenergie, der Liebe!!!

Die weiße Elbe spricht

Ich bin die weiße Elbe
Ich bin Hüterin des Lichtes
Meine Schwingung ist weißes Licht
Ich bin Weiblichkeit
Ich bin Schönheit
Ich bin Sexualität

Ich heile Dämonen
und Gefallene
So rein ist mein Herz
Ich bin das Tor zur Erlösung
Ich bin die Umkehr
Meine Anwesenheit bewirkt die Geburt
weißer Löcher

Ich bin Schöpferin des Lichtes
Ich erhebe dich ins Licht
Die Umkehr des Universums beginnt
Das große Erwachen hat begonnen

Höre leise flüsternd meinen Worten zu –
ich bin die Seelenweckerin.

Die Sternenelfen

Ein in Vergessenheit geratenes und dennoch für uns Menschen so wichtiges Völkchen.

Die Sternenelfen sind Hüter unserer verlorenen Seelenanteile, findest du sie (oder sie dich) werden verlorene Seelenanteile zu dir zurückgeführt. Sie besitzen einen universellen Schlüssel und haben die Kraft und Magie in jeder dunklen Dimension ein goldenes Türchen zu öffnen, um einen verlorenen Seelenanteil nach Hause zu führen. Es reicht, sie in Gedanken anzurufen.

Das Büro

(oder die Geschichte von Mister X und Mister Y)

Einst saßen in einem weit entfernten Universum zwei ahnungslose Männer in einem Büro, bis ihnen eines Tages ein Ufo, genannt Kollegin direkt ins Zimmer gecrasht ist. Zugegeben, es war ein Wrack und musste erst wieder aufgepeppelt werden. Aber Mister X und Y stellten sich als äußerst gute Stützen dar, auch wenn sie dies selbst gar nicht bemerkten. Einige Zeit später stellte das Ufo fest, dass es ja gar nicht, wie angenommen, aus Versehen, sondern ganz gezielt vom Kosmos in diese weit entfernte Dimension entsendet wurde – so etwas nennt man Bestimmung (vielleicht war es auch eine kosmische Strafversetzung). Mit der Zeit sollte sich die Erkenntnis herausstellen, dass der Universencrash so einiges in Gang gebracht hatte, bei Mister X und Mister Y und schon nach wenigen Wochen waren sie ein erleuchtetes Team.

Die meisten Menschen glauben nicht daran, dass wir alle mit dem Universum verbunden sind.

Tatsächlich hat aber auch die Wirtschaft und die Industrie ihre Bestimmung und es wird vom kosmischen Auge sehr wohl beobachtet, was dort läuft. Glaubt ihr denn nur, weil die Menschen es nicht wissen und nicht in ihre Wahrheit integrieren, ist es nicht echt?

Sieh mal, deine Leberzelle weiß zwar sehr wohl, dass sie eine Leberzelle ist, denn dazu wurde sie geboren. Täglich erledigt sie als Individuum im Leberzellverband ihre Aufgaben. An manchen Tagen schafft sie es nicht, weil einfach zu viele Toxine reingekommen sind, die noch abgearbeitet werden müssen. Der einzige Haken daran ist, dass nur du nicht weißt, dass du selbst ja die Leberzelle bist, auch wenn du sie gerade nicht spürst. Glaubst du, das Universum ist nicht das Universum, nur weil du es gerade nicht spürst?

Wir alle sind Teil des Ganzen, unabhängig davon, ob wir es sein wollen oder nicht. Es ist ein unveränderlicher Fakt. Und deshalb kann es sein, dass das Seelenerwachen im Büro beginnt, weil es bestimmt ist, ein Stück des Weges gemeinsam zu gehen. Alles hat seine Bestimmung.

Und so lag die Leberzelle vor dem Schlafen gehen noch lange wach und fragte sich, ob sie daran glauben soll, dass es noch etwas Größeres gibt, dass sie mit ihrem Geiste nicht erfassen kann.

Frieden in mir

Selbstfrieden muss man üben,
denn alles ist gut.

Schließe Frieden mit dir selbst und werde zum
Sinnbild der Ganzheitlichkeit.

Fels in der Brandung

Ich stehe wie ein Fels in der Brandung
und gebe jedem Tag die Chance,
der Beste meines Lebens zu werden.

Ich bin liebevoll zu mir und zu allen Menschen,
die mir begegnen,
zu allen Menschen dieser Erde.

Ich habe liebevolle Gedanken
und handle in Liebe.
Ich bin das Licht,
ich bin die Liebe!

Ich stehe wie ein Fels in der Brandung.
Ich bin die Ruhe, ich bin die Kraft.

Mein Geist ist ruhig,
meine Gedanken schweigen.

Ich lasse alles los.
Ich denke positiv,
meine Energie ist klar und sauber.
Ich kann vergangene
Verletzungen vergeben
und beginne neu.

Ich stehe wie ein Fels in der Brandung.
Ich bin die Liebe, ich bin die Kraft.

Träume

Wenn Träume zerplatzen steht die Zeit still
und alles ist grau und leer.
Alles ist monoton und stereotyp.
Alle Farben sind weggegangen,
man kann sie nicht mehr wahrnehmen.

Wenn die Wunden heilen,
kommen neue Farben,
man muss erst wieder lernen, sie zu sehen.
Erst wenn die Wunden heilen,
können neue Gefühle entstehen.

Wenn Träume fliegen, steht die Zeit still
und alles ist bunt und schön,
alles ist intensiv und lebendig
und alles wird möglich.
Du bist frei und grenzenlos.

Wenn Träume fliegen, bist du die Welt.
Träume groß – auch wenn es dir nicht immer
gelingt.

Du kannst am Tag träumen und in der Nacht. Du kannst durch Träume leicht werden oder schwer. Träume aus dem Schlaf können Vorboten oder Zeichen oder seelische Hinweise sein, die eine Bedeutung haben.

Im Traum bist du vernetzt und hast Zugang zu dir selbst, zu deiner inneren Quelle und zu allem SEIN.

Und ein Traumtagebuch kann sehr verwirrend sein .

Tagträume können Visionen, Hinweise, Vorbereitungen oder Seelenerkenntnisse sein. Träume am Tag helfen dir, deine Bestimmung in die Manifestation umzusetzen.

Viele Menschen haben diese Erfahrung gemacht, fast jeder kann etwas über seine Träume berichten. Achte auf deine Träume und auch auf die Träume deiner Liebsten, wenn sie dir davon erzählen.

Der Himmel kann ein Zeichen sein

Ich kann in den Wolken lesen,
ich sehe die Botschaft des Himmels.

Am Himmel geformte Wolkenkörper können dir
eine Botschaft sein, wenn du sie sehen willst –
ja, du bist gemeint, wer sonst?

Krafttiere, Symbole, Gefühle –
alles kann sich in Wolkenkörper formen,
um dann im nächsten Moment davon zu ziehen.
Als wahre Illusion schenkt dir der Himmel
ein Zeichen.

Bedeutungen:

Wenn der Himmel golden ist: Christus-Bewusstsein,
männliche Kraft, männlicher Segen.

Wenn der Himmel rosa ist: Maria-Magdalena-
Bewusstsein, weibliche Kraft, weiblicher Segen.

Schlüsselmomente

Es gibt viele körperliche Schlüsselmomente im biochemischen Sinne, es ist der Moment, in dem dein Immunsystem nach dem "Schlüssel-Schloss-Prinzip" deinen Körper verteidigt durch spezifisch gebildete Antikörper. Es ist der Moment, in dem ein Enzym in seinen Rezeptor gleitet, um eine intrazelluläre Produktion in Gang zu bringen. Es gibt auch emotionale Schlüsselmomente, in dem eine Bestimmung in die andere gleitet und durch Resonanz eine Bewusstseinserweiterung bewirkt, die Lebenskraft produziert.

Seelenschlüssel

Es gibt keine bestimmten Bücher oder Seminare oder Meditationen zur Seelenerkenntnis, denn jeder hat seine eigenen Seelenschlüssel und andere Dimensionstore, die er damit öffnet. Es sind individuelle Anreize, die zu innerem Wachstum führen. Fakt ist, dass die äußere Welt unendlich viele Möglichkeiten bietet, um sich selbst erfahren zu können – jeder kann sie nutzen – jeder hat die Freiheit zu sehen und zu fühlen, was er will. Ganz unabhängig von den Lebensumständen. Du brauchst dazu weder Geld noch Macht. Das einzige was du brauchst, bist DU.

Alles kann zum Seelenschlüssel werden,
wenn deine Seele erkennt.
Sei verrückt, etwas leichtsinnig –
und lache über dich selbst –
lasse zu, dass du durchs Leben schwebst.

Und sei dir Gewiss,
an jedem neuen Tag ist deine Seele bei dir.

Bedenke dein Sein und wisse,
dass Veränderung jederzeit möglich ist.

Liebe ist Heilung.
Heilung ist immer möglich.
Liebesstaub liegt in der Luft für dich.
Ich wünsche dir Glück im Überfluss.

Ich würde diese Zeilen für dich
mit Gold auf Leder schreiben.
Warum?

Weil sie die Wahrheit sind und von der Ewigkeit
für die Ewigkeit von Bestand.
Jeder Moment, den wir erleben,
wird zur Ewigkeit.

Ich bin Zeuge der Wahrheit,
denn das Leben selbst ist die Wahrheit.
Wir alle sind Zeugen der Wahrheit.
Unsere Zeit wird zur Legende.

Geliebte Seele –
du bist geboren,
um dein Seelenpotential zu leben –
dein ganz eigenes Glück zu finden –
in jedem Moment.

Ich glaube an dich!
Es liegt in dir, du entscheidest,
was du aus
deinem Leben machst.

Und?
Was ist deine Theorie?
Und deine Philosophie?
Was ist deine Erfahrung?
Wie ist dein Universum?
Wer bist du?

Du weißt noch nicht, was möglich ist,
aber es wird sich dir bald offenbaren.

Du wurdest vom Himmel auserwählt,
auf dieser Erde zu sein.

Die ältesten Seelen bekommen
die schwierigsten Lebensrätsel,
doch sie haben das Bewusstsein,
sie zu lösen und Frieden
mit dem Schicksalsschlag zu schließen.

*Erwachtes Volk
erhebe dich!
Wisse um deine
Schöpferkraft!*

.

Das Buch spricht zuletzt

Durch dich wurde ich zur
lebendigen Materie.
Du hast mich zum Leben erweckt.
Ich danke dir.

Doch: Ich bin ein Freigeist und will auf keinen Fall
in einem Bücherregal verstauben.
Eine Botschaft lebt in mir.

Lass mich weiterziehen.

Denn das Loslassen darf man immer wieder üben,
auf die eine oder andere Art. Deshalb schenke mich
weiter oder lege mich einfach an einen schönen
Ort, wo mich jemand finden kann. Leg mich in eine
Bahnhofshalle, einen Park oder in ein Wartezim-
mer. Nehm mich mit nach Österreich, nach Island
und in die Karibik.

Herzlichen Dank an meinen Seelenbruder,
Freund und Kollegen Markus Foelsch,
der mir geholfen hat, dieses Projekt
zu verwirklichen.

Gemeinsam sind wir der Ritter und die Elbe.

RITTER & ELBE

Vita

Ameli Rödler
geboren 1981 in Tübingen

Heilpraktikerin
Dozentin
Schriftstellerin

Heilpraktikerin seit 2008
Praxistätigkeit seit 2010
Seit 2016 in eigener Praxis
mit den Schwerpunkten
Osteopathische Therapie
und Alternative Medizin

Der Mittelpunkt meines Lebens sind
meine wunderbaren Töchter,
die meine größten Lehrer sind.

Seminare, Workshops & Kontakt

www.seeleninspiration.jetzt